ENCYCLOPÉDIE-RORET

PEINTRE DÉCORATEUR

DE THÉATRE

ENCYCLOPÉDIE-RORET

PEINTRE-DÉCORATEUR

DE THÉATRE

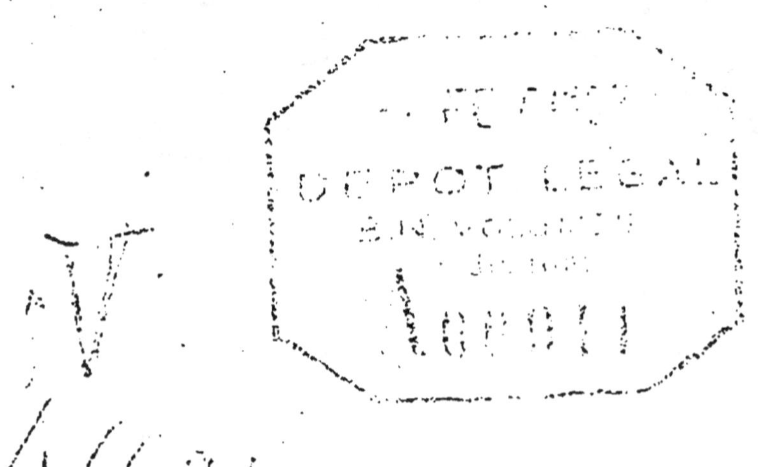

MANUELS-RORET

NOUVEAU MANUEL COMPLET

DU

PEINTRE-DÉCORATEUR

DE THÉATRE

UTILE

AUX DÉCORATEURS, AUX AUTEURS DRAMATIQUES,
AUX ACTEURS ET AUX AMATEURS DE THÉATRE

PAR

GUSTAVE COQUIOT

Auteur dramatique
Ancien élève de l'École nationale et spéciale des Beaux-Arts

PRÉFACE DE M. L. JUSSEAUME

ORNÉ DE CINQUANTE DESSINS DE L'AUTEUR

DEUXIÈME ÉDITION

PARIS

ENCYCLOPÉDIE-RORET

L. MULO, LIBRAIRE-ÉDITEUR

12, RUE HAUTEFEUILLE, VIᵉ

1927

AVIS

PRÉFACE

Un philosophe. Renan. je crois, a dit : « On parle d'autant mieux des choses qu'on les ignore davantage. » Mon ami Gustave Coquiot connaît trop bien son sujet pour que son petit traité soit parfait. A vrai dire il ne s'adresse guère aux décorateurs ou à ceux qui le voudraient devenir, on n'apprend pas à nager en lisant un traité sur la natation. fût-il excellent.

Mais ce petit manuel sera lu avec grand intérêt et grand profit par tous ceux qui de près ou de loin touchent au théâtre, et en ce vingtième siècle qui n'y touche un peu ou n'y voudrait toucher. Auteurs, directeurs, acteurs et... spectateurs y trouveront des renseignements ingénieusement rassemblés sur des choses qu'ils connaissent mal pour les voir les uns de trop près, les autres de trop loin.

La partie historique qui nous fait espérer le fort volume manquant sur le sujet est très curieusement documentée et fait regretter les trop étroites limites qu'impose le format de cet amusant ouvrage.

A la vérité le vrai manuel du décorateur c'est l'indicateur des chemins de fer, j'entends par là qu'un décorateur de théâtre doit voyager beaucoup et après avoir voyagé beaucoup voyager encore ; émousser la pointe de son piolet sur les durs névés des glaciers, polir les clous de ses souliers ferrés sur les rocs après avoir eu chaud dans la plaine, senti l'humide frisson des hautes futaies toujours sombres et laissé mouiller son visage par les embruns de la mer salée. La Nature et ses changeantes féeries sans cesse renouvelées voilà la vraie école, le seul modèle que sans espérer l'atteindre jamais on doit sans cesse tendre à approcher. La continuité de l'effort en partie vain en fait la noblesse et la beauté.

Nous voici haut et loin pour être partis de simples tréteaux. Mais comme dit Edmond Rostand, il faut faire tout ce qu'on peut sur la plus humble échelle. C'est ce qu'a fait mon ami Gustave Coquiot au petit manuel duquel je souhaite bonne chance et ce de tout cœur.

LUCIEN JUSSEAUME.

NOUVEAU MANUEL COMPLET

DU

PEINTRE-DÉCORATEUR

DE THÉATRE

AVANT-PROPOS

Si étrange que cela puisse paraître, il n'existait pas jusqu'à ce jour un seul livre consacré aux décors de théâtre.

Les éditeurs sont, en général, des gens routiniers : ils rééditent cent fois les mêmes ouvrages ; mais dès qu'il s'agit d'un sujet nouveau, ils connaissent toutes les inquiétudes.

Les décors de théâtre ? Quel beau sujet, pourtant !

Avant mon affirmation, on pouvait penser que les éditeurs qui s'intitulent modestement « éditeurs d'art » avaient songé à glorifier ces accessoires si importants ; moi-même, je me le figurais volontiers.

Un jour, mon ami Lucien Jusseaume, le célèbre peintre-décorateur qui a contribué si largement à la gloire des mises en scène du théâtre de l'Opéra-Comique, du théâtre Antoine et de l'Odéon, m'avertit de mon erreur.

Des sources bibliographiques consultées, entre autres le lexique si complet de l'éditeur Le Soudier, me convainquirent qu'il n'y avait réellement pas un seul livre de la nature de celui que l'éditeur Mulo m'a demandé de présenter au public.

J'ai rempli cette tâche avec plaisir, en auteur dramatique qui aime ardemment le théâtre, depuis le trou du souffleur jusqu'au cintre.

J'ai voulu faire œuvre de vulgarisation, rien de plus : le cadre étroit de cet ouvrage ne permettait aucun développement artistique ; de petites images commentent un peu çà et là le texte, voilà tout.

Pour plus de clarté, j'ai pensé qu'il fallait d'abord, dans une première partie, exposer l'histoire du décor, la raconter dans tous ses détails, parler du décor lui-même sous tous ses aspects, et qu'ensuite il convenait de dire, dans une seconde partie, comment on fait les décors et comment on les équipe, une fois qu'ils sont arrivés au théâtre, dans le long chariot tout brinqueballant.

Ce petit livre s'adresse à tous ceux qui vivent du théâtre et à tous ceux qui l'aiment, comme dirait Montaigne, « jusque dans ses verrues » ! propos ici toutefois irrévérencieux ; car les décors ne sont point toujours des verrues, mais constituent souvent, au contraire, une magnifique parure pour l'action scénique.

Un mot encore : dans ce petit historique du décor de théâtre, je dois me contenter de remonter à l'histoire du théâtre en Grèce et ne pas chercher en un autre pays une manifestation théâtrale plus lointaine : car déjà les Grecs eux-mêmes contemporains d'Aristote (340 av. J.-C.) ignoraient à peu près tout des origines du théâtre.

D'un autre côté, pour « situer » le décor, simple accessoire, je suis obligé de détailler quelques-uns des aspects d'ensemble des théâtres anciens. Sinon, comment pourrais-je espérer intéresser avec l'histoire seule du décor, si je ne disais pas comment on utilisait cet accessoire qui, à travers les siècles, a connu des fortunes diverses, pour arriver de nos jours à un épanouissement presque total ?

PREMIÈRE PARTIE

HISTOIRE DU DÉCOR

CHAPITRE PREMIER

Le théâtre grec

Historique : origines du théâtre grec. — La Tragédie,
la Comédie. — Concours dramatiques. — Représentations. — Différentes parties architecturales du théâtre.
— Comment se plaçaient les principaux spectateurs.
— Détails de l'orchestre. — Détails de la scène et
décors. — La machinerie. — Les acteurs : leurs costumes et leurs masques. — Le public.

Il est à peu près établi que les chants et les
danses célébrant le culte de Dionysos, dieu de
la Vigne, donnèrent naissance au drame grec,
particulièrement dans les villes de Mégare et
de Corinthe.

On croit qu'à l'origine un homme improvisait
une chanson devant une statue du dieu et que
d'autres hommes reprenaient en chœur et en
dansant un refrain traditionnel.

Le premier « metteur en scène » fut Arion
de Corinthe (vers 600 av. J.-C.), car ce fut lui
qui, le premier, obligea un chœur à chanter

une ode dithyrambique et à danser en mesure autour d'un autel.

Ce chœur paraît avoir été constitué par cinquante hommes déguisés en satyres, que les grecs appelaient τράγοι « boucs », d'où le nom de τραγῳδία, baptisant la Tragédie qui devait en naître.

La Tragédie

Thespis, né vers 580 av. J.-C., dans le dème attique d'Icarie, passe pour avoir transformé le premier l'ode dithyrambique en drame, consacré d'abord et encore aux aventures de Dionysos.

Mais bientôt le drame s'élargit, et le chœur n'est plus composé de satyres qui célèbrent le dieu.

Il y a un acteur qui converse avec le chef du chœur et il doit représenter plusieurs personnages d'une action tout à fait étrangère maintenant au culte de Dionysos.

Puis apparaissent les grands poètes tragiques : Eschyle et Sophocle.

Le premier fait emploi d'un second acteur ; le second, d'un troisième ; et l'on attribue à l'un des deux grands tragiques l'invention des *décors peints* qui doivent augmenter l'illusion.

Quels étaient ces décors ? Comment les « équipait-on » ? On ne possède sur ces sujets aucun renseignement.

La Comédie

L'histoire primitive de la Comédie est également très obscure.

On trouve seulement mention d'Épicharme de Cos, vers 470 av. J.-C., qui vécut à Syracuse et à Mégare en Sicile, et fut célèbre pour avoir fait représenter des sortes de scènes burlesques empruntées à la mythologie.

Puis la Comédie devint politique et satirique. Parmi les plus illustres auteurs de cette époque, on cite Cratinus, Cratès, Eupolis et le plus renommé de tous Aristophane, qui naquit vers 448.

Enfin la Comédie attaqua et ridiculisa seulement les mœurs. Elle devint la comédie de caractères d'où devaient dériver, dans la suite des temps, les pièces de Plaute, de Térence et de Molière.

Les Concours dramatiques

Aux grandes fêtes, aux Lénéennes et aux Dionysies, on organisait un concours entre les auteurs dramatiques. Cela n'eût pas fait l'affaire de nos auteurs notoires, mais usés, qui changent chaque saison à peine l'ordre des scènes de la même sempiternelle pièce.

On admettait au concours trois poètes comiques et trois tragiques. Toutes facilités leur étaient accordées pour la représentation de leurs œuvres. Le premier archonte avait la surveillance des grandes Dionysies, et l'archonte-roi, celle des Lénéennes.

Les représentations

Le poète, une fois admis à concourir, avait droit à un chorège et à trois acteurs, qui étaient suivis d'un maître du chœur et d'un joueur de flûte.

Les chorèges étaient des citoyens riches qui subvenaient, en partie, dans ces temps heureux, aux dépenses des représentations dramatiques.

Les maîtres du chœur, les acteurs et les joueurs de flûte étaient, eux, des artistes de profession.

Les poètes et les acteurs étaient rétribués par l'Etat.

Le chorège payait de son côté le maître du chœur et le joueur de flûte, ainsi que les personnages secondaires nécessités par l'action.

Les costumes des acteurs, les décors et autres accessoires étaient fournis par le fermier du théâtre.

Les répétitions avaient lieu sous la surveillance du poète.

Sophocle essaya deux fois, mais sans succès, trahi par sa voix, de jouer un rôle dans ses propres pièces.

Euripide et Aristophane restèrent, eux, toujours, dans « la coulisse ».

Les spectateurs pouvaient être satisfaits quant à la durée du spectacle : il commençait de bon matin pour ne se terminer qu'à la nuit.

L'organisation architecturale

Mais comment était organisé le théâtre grec ?

On en a des données d'après certaines peintures de vases datant des IIIe et IVe siècles av. J.-C., d'après des ruines de théâtres anciens, enfin d'après des témoignages de Vitruve (10 av. J.-C.) et de plusieurs scholiastes : mais, en somme, nous ne connaissons guère les détails de l'organisation matérielle du théâtre grec.

Néanmoins, on peut affirmer que le théâtre grec se composait surtout de trois parties principales, à savoir: 1º le θέατρον proprement dit, où prenaient place les spectateurs : 2º l'ὀρχήστρα, où se tenait le chœur ; 3º le λογεῖον, réservé aux acteurs.

Le θέατρον était formé d'un grand nombre de rangées de sièges, établies en demi-cercle et adossées au versant d'une colline. Des escaliers qui rayonnaient de bas en haut [et des couloirs conduisaient aux différentes places.

Les deux dessins 1 et 2, représentés ci-contre: l'un, *l'état actuel du plan du théâtre de Dionysos, à Athènes*, l'autre, *la restauration du plan du théâtre d'Épidaure*, donnent, d'ailleurs, l'idée que l'on peut se faire du théâtre grec. Sans doute, bien des points architecturaux et scé-

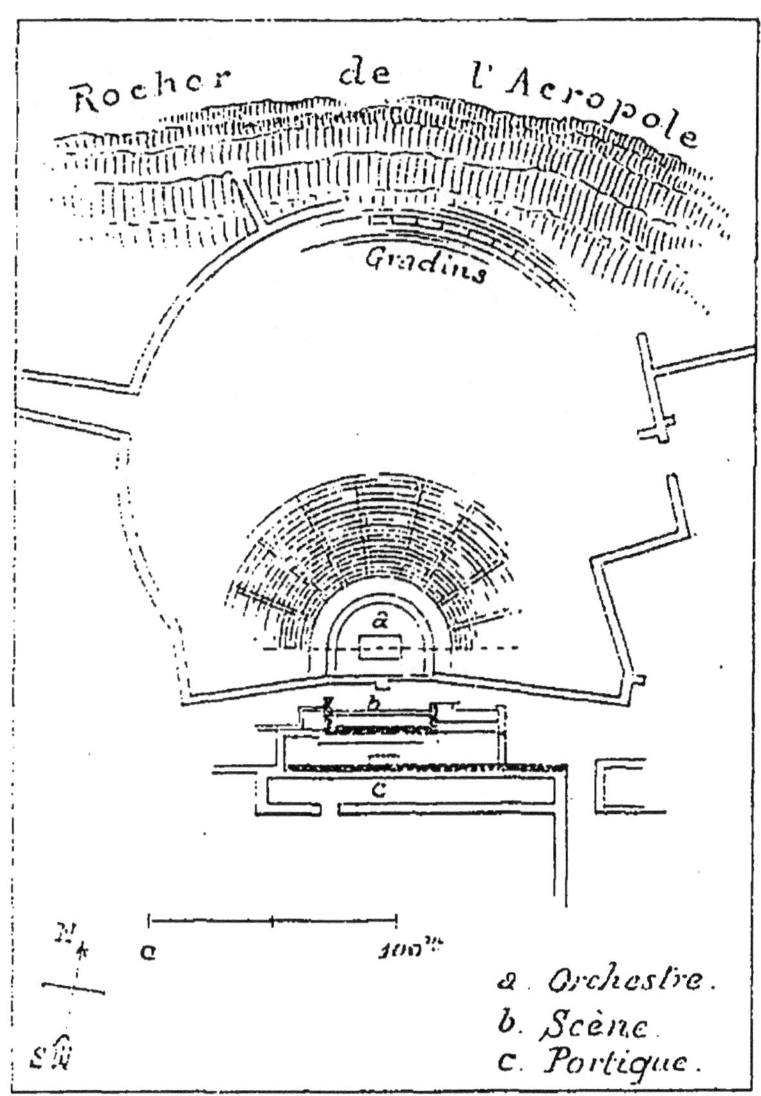

Fig. 1. — Plan du théâtre de Dionysos à Athènes.
(État actuel.)

niques n'ont pas encore été éclaircis : mais, tout de même, on voit, quant à l'ensemble, quelle était la forme générale des escaliers, de l'orchestre et de la scène.

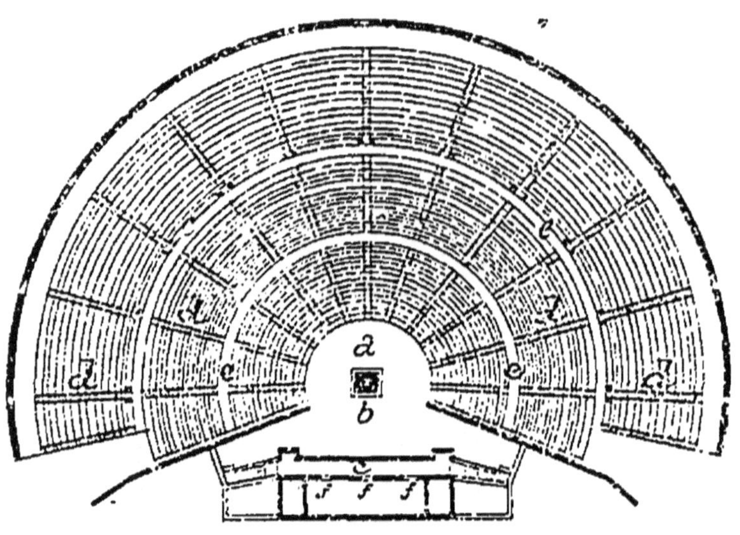

a. Orchestre.　d. Escaliers.
b. Autel.　e. Paliers.
c. Scène.　f. 3 portes.

Fig. 2.　Restauration du plan du théâtre d'Épidaure.

Nous avons décrit ce qu'on appelait le θέατρον, voyons donc les autres parties du théâtre.

Au bas de la rangée inférieure du θέατρον se trouvait l'orchestre.

Les sièges et l'orchestre étaient à ciel ouvert.

Le λογεῖον faisait face à l'orchestre.

Dans les ruines de théâtres que l'on peut actuellement consulter, c'est une plate-forme en pierre haute de 12 pieds environ, ouverte dans la direction du théâtre, mais fermée sur les trois autres faces.

Le décor ordinaire des pièces grecques étant généralement un palais, l'arrière-plan représentait le plus souvent un édifice à trois étages s'ouvrant sur la scène par trois ou cinq portes.

La scène était, croit-on, abritée par une toiture.

Les premiers théâtres furent construits en bois. Par la suite, 500 a. J.-C., au temps d'Eschyle, on décida d'édifier un théâtre en pierre.

A l'époque de Sophocle (495-405 av. J.-C.), on a de fortes raisons de croire que les sièges supérieurs étaient taillés dans le roc, tandis que les sièges inférieurs étaient des bancs de bois.

On dit que 15.000 spectateurs pouvaient prendre place dans le théâtre d'Athènes. Celui d'Éphèse avait été bâti pour recevoir 55.000 personnes.

Le public trouvait généralement accès aux sièges par le haut du théâtre.

Cependant on suppose qu'à Athènes, les spectateurs entraient par les couloirs voisins de la scène, et de là, gagnaient, par les escaliers, les différentes places.

Aux magistrats et aux personnages qui avaient rendu des services au pays, on réservait les sièges du premier rang.

Au temps de la plus grande prospérité de la
Grèce, on construisit en marbre ces sièges qui
portèrent en outre, gravés, les noms de leurs
illustres occupants.

La scène et les décors

Il ne faut pas se le dissimuler : nous n'avons,
au sujet des détails de l'orchestre, aucun renseignement précis.

N'épiloguons donc pas sur des dispositions
architecturales et sur des idées que les fouilles
récentes aux théâtres d'Épidaure et d'Athènes
ont complètement modifié.

Quant à la scène elle-même, ce que l'on sait
tout d'abord, c'est qu'elle était beaucoup plus
étroite que celle des théâtres modernes. Ainsi,
au grand théâtre d'Épidaure, la profondeur
n'était pas supérieure à huit pieds.

Voilà qui doit consoler M. Bernier, l'architecte du nouvel Opéra-Comique de Paris, lui
qui a construit une scène manifestement trop
petite pour nos actuelles mises en scène.

On s'accorde presque généralement sur ceci :
que le fond de la scène était une sorte de palais,
de la hauteur d'une maison à deux étages, et
terminé par une balustrade dissimulant un toit
plat.

On dressait des décors devant cette construction, et l'on ménageait autant de portes que
l'action scénique le réclamait.

Une seule porte, généralement, suffisait pour les tragédies, dont le décor était le plus souvent un palais ou un temple.

Pour les comédies, le décor représentait ordinairement deux ou trois maisons contiguës ; et chaque maison devait avoir sa sortie particulière.

A propos de la Tragédie grecque, au temps de Sophocle, j'ai déjà dit que nous ne possédions aucun détail sur la façon dont ces différents décors étaient peints. Nous ignorons même s'ils étaient en toile ou en bois.

Nous savons seulement qu'ils étaient, à l'époque du plein épanouissement du théâtre grec, très variés. Ainsi, dans l'*Hécube* d'Euripide et dans l'*Ajax* de Sophocle, il y avait tout un camp sur la scène.

Dans le *Prométhée*, il y avait un désert rocheux ; le bord de la mer, dans la seconde partie d'*Ajax*, et le bois sacré dans *Œdipe à Colone*.

Les acteurs n'entraient pas toujours sur la scène par le fond. Il y avait des entrées latérales. Comme convention principale, les acteurs qui entraient à la droite du spectateur étaient censés venir de la ville ou du port ; ceux qui entraient à sa gauche venaient de la campagne. On s'accorde à croire que cette règle avait été dictée par la position géographique du théâtre de Dionysos à Athènes.

De nos jours, nous avons gardé, dans le même ordre d'idées, nos appellations : *côté cour* et *côté jardin*, pour désigner les deux faces latérales de nos scènes.

Vint un moment où le théâtre grec portait sur ses faces latérales deux décors, l'un représentant une ville et l'autre la campagne.

Ils étaient dressés, croit-on, sur de hauts piliers prismatiques en bois à trois faces. Chacun était recouvert de trois décors, de façon que l'on pouvait, en faisant tourner les piliers, changer à volonté le lieu de la scène. C'étaient, en somme, des *écrans mobiles*.

Mais comment se faisaient les changements, quant au fond de la scène ? Car, dans l'*Ajax*, par exemple, une partie de l'action se passe dans un camp et l'autre sur le bord de la mer.

On en est réduit sur ce point encore aux conjectures.

Y avait-il un dispositif correspondant à notre rideau qui masque tous les changements ?

Les *écrans mobiles*, dont j'ai parlé plus haut, suffisaient, certes, dans bien des cas, pour changer le lieu ; et il est probable qu'on se bornait à ce seul moyen.

La machinerie

Les détails de la machinerie étaient très rudimentaires. La plupart se réduisaient à une petite plate-forme que l'on mettait en mouvement avec des cordes et des poulies. Sur cette plate-forme prenaient place les divinités qui devaient intervenir dans l'action.

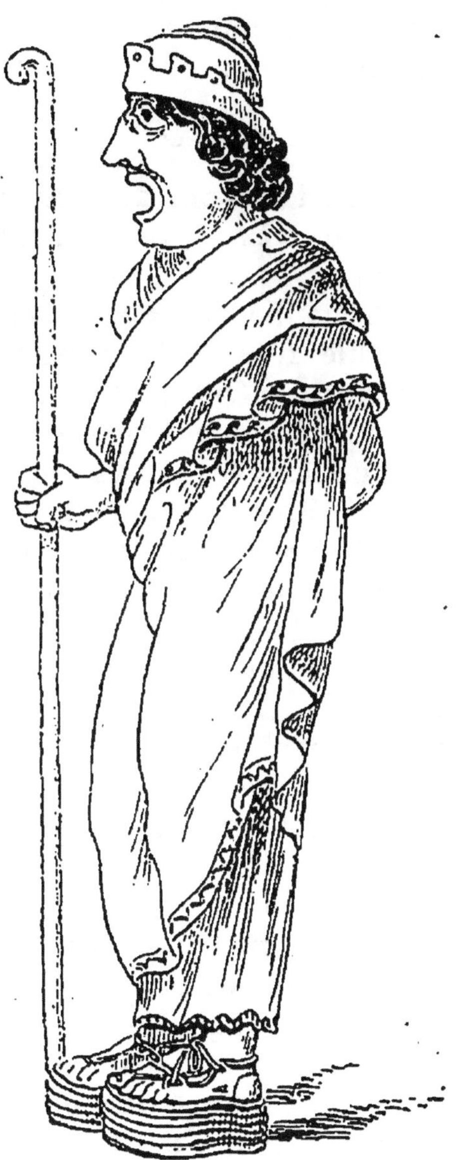

Fig. 3. Acteur tragique avec masque et cothurnes.

On s'adressait en somme largement à l'intelligence des spectateurs.

Les acteurs

Les acteurs tragiques portaient des cothurnes ou chaussures à très hautes semelles et de lourdes perruques.

La figure 3 donne très exactement, d'ailleurs, l'ensemble d'un acteur tragique avec masque et cothurnes. Quelquefois les cothurnes n'étaient constitués, quant aux semelles, que par des sortes de semelles successives ; souvent, au contraire, c'étaient de véritables petits cubes de bois qui soutenaient le pied.

Les acteurs fixaient encore sur tout leur visage un grand masque colorié.

Dans ces conditions, on pense que leurs mouvements étaient très lents et le jeu des physionomies impossible.

Leurs attitudes restaient forcément très froides et tout à fait conventionnelles.

Les costumes, par surcroît, étaient rembourrés pour leur donner plus d'ampleur.

Une tunique à manches descendant jusqu'aux pieds était le costume réservé aux rois et aux reines de la tragédie. Les personnages *heureux* se signalaient par des bandes de couleurs vives, brodées dans le bas de la tunique. Aux fugitifs et aux *malheureux*, on donnait les couleurs grises, bleues ou vertes ; tandis que le noir était choisi pour les personnages en deuil.

On reconnaissait les dieux et les déesses à leurs insignes : le trident, le caducée, etc.

Un châle de pourpre, enroulé autour du bras gauche, distinguait les chasseurs.

Souvent un bâton servait de soutien aux acteurs tragiques, embarrassés par leurs hautes

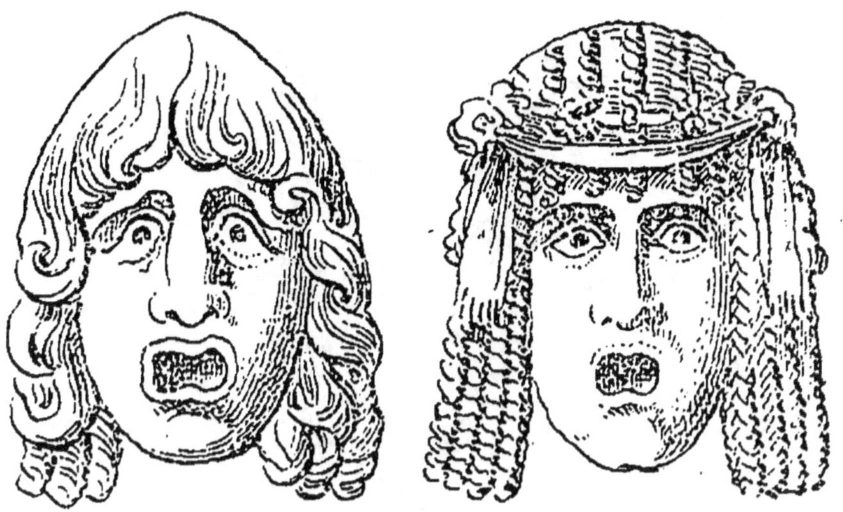

Fig. 4 et 5. Masques tragiques.

chaussures ou cothurnes et par le poids de leurs vêtements.

Les acteurs comiques portaient des costumes ordinaires mais plus spécialement rembourrés sur la poitrine et sur le ventre d'une manière burlesque.

Quelquefois, n'ayant qu'une tunique collante, ils paraissaient presque nus. Souvent aussi ils paradaient avec un manteau dont ils se drapaient d'une façon plaisante.

*Leurs chaussures n'étaient pas lourdes, car ils
devaient exécuter des mouvements très vifs.*

Avant le *Chantecler* de M. Edmond Rostand,
Aristophane (dans les *Oiseaux*) fit porter des
masques et des ailes d'oiseaux à ses acteurs ;

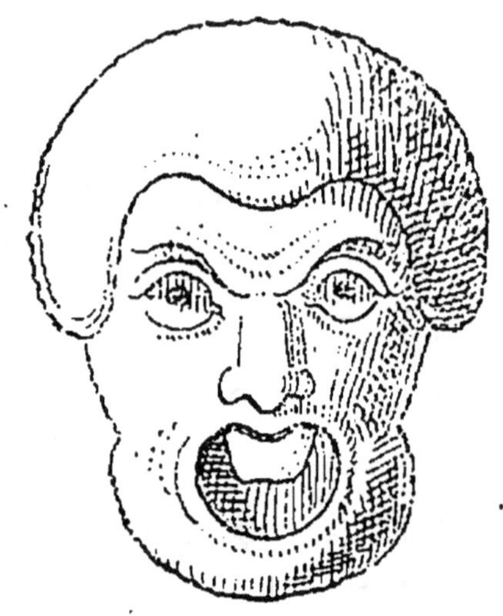

Fig. 6. Masque comique.

de même, il imposa des aiguillons à ceux qui
jouèrent ses *Guêpes*.

Les masques, dont j'ai déjà parlé, étaient
un important accessoire du costume des acteurs. Ils représentaient certains types expres-
sifs, et il y avait des masques pour exprimer
la joie, la tristesse, la colère, etc.

Ils étaient façonnés en toile ; auparavant
on les avait fabriqués en écorce.

L'ouverture de la bouche était toujours considérable, et faite de façon à enfler la voix.

Le masque tragique portait un frontal élevé et au-dessus une perruque, arrangée en boucles ou en cadenettes. C'était un type consacré.

D'après les figures 4 et 5, on peut se rendre compte de l'aspect général des masques tra-

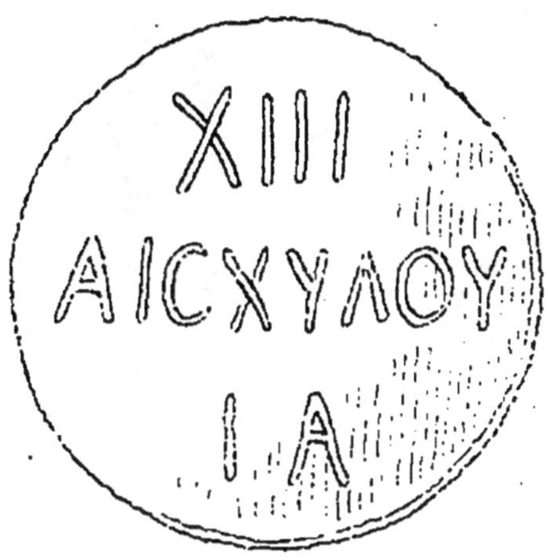

Fig. 7. Tessère ou jeton donnant droit à une entrée au théâtre.

giques. On y voit nettement la bouche largement ouverte et une lourde perruque qui a l'air d'écraser la tête. Les yeux hagards ne contribuaient pas le moins à rendre ces masques tragiques.

A l'opposé, le masque comique était souvent très simple, et il ne tendait pas à exagérer, comme le masque tragique, la stature de l'acteur.

Le masque comique, ici représenté (fig. 6), donne une idée de rondeur joviale qui devait être très goûtée dans les comédies d'Aristophane. La bouche est encore grande ouverte, afin de bien laisser passer la voix, mais les yeux semblent bridés par le rire.

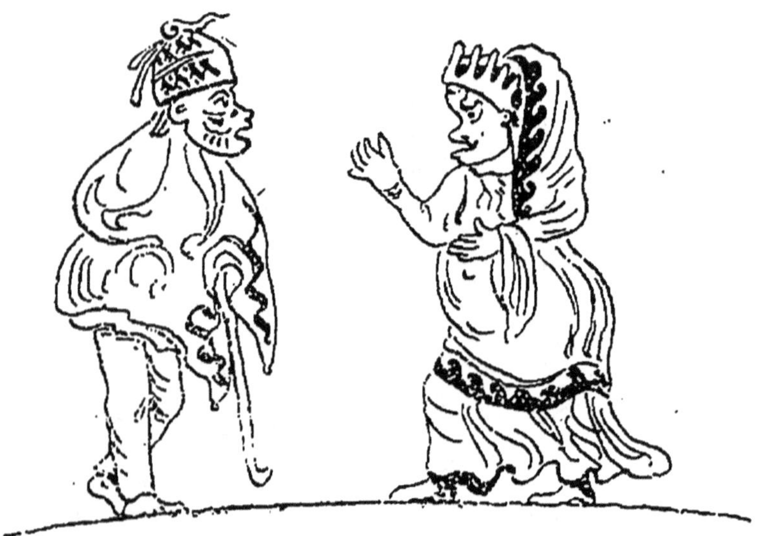

Fig. 8. — Scène comique.

Ajoutons que tous les rôles, même ceux des femmes, étaient tenus par des hommes.

Le public

Le public, composé de citoyens, de métèques, d'étrangers, de femmes et d'enfants (mais à l'exclusion des esclaves) entrait au théâtre avec des jetons ou tessères que l'on vendait à l'entrée.

La figure 7 représente un de ces jetons. Ils étaient généralement en ivoire ou en os. Le jeton dessiné ici provient de l'Italie méridionale et il porte un chiffre romain et un chiffre grec correspondants. Le nom au génitif d'Eschyle veut dire que le jeton donnait accès à une partie du théâtre où se dressait une statue du grand poète tragique.

Le prix d'une place correspondait à environ trente centimes de notre monnaie pour la journée tout entière. On s'asseyait indifféremment à toutes les places libres, les premières, près de l'orchestre, étant réservées, avons-nous dit, aux ambassadeurs, aux prêtres, aux stratèges, aux bienfaiteurs de l'Etat ou aux orphelins des citoyens morts à la guerre.

L'Etat donnait l'entrée aux citoyens pauvres. Des gardes armés de verges maintenaient l'ordre. Il y avait quelquefois pour les spectateurs, distribution de figues ou d'autres friandises, quand le chorège était généreux.

J'ai reproduit, dans la figure 8, une scène comique, d'après un vase peint. On voit très bien ici le tour grotesque et jovial des masques et le rembourrage que les acteurs plaçaient sous leurs châles carrés ou oblongs dont ils jetaient la pointe sur leurs épaules.

CHAPITRE II

Le théâtre romain

—

Son organisation architecturale. — Son histoire. Tragédies et comédies. Plaute et Térence. — Représentation d'une pièce. — Décors.

La forme en hémicycle du théâtre grec fut conservée ; mais le théâtre romain différa de son aîné par plusieurs détails.

D'abord, on n'adossa plus les théâtres au flanc d'une colline. Puis, le chœur étant supprimé, l'orchestre fut occupé par les sièges des magistrats et des sénateurs. Enfin, la scène fut très profonde, et un rideau qui se manœuvrait de bas en haut put la cacher momentanément, comme de nos jours, aux yeux du public.

La figure 9 représente les ruines du célèbre théâtre élevé à Orange, au temps de la domination romaine.

Voilà un type classique du théâtre romain. Pour les détails, il diffère, c'est entendu, comme je viens de le dire, du théâtre grec ; mais on retrouve la disposition principale : la forme en amphithéâtre, quant à la salle, et le grand mur ordonnancé du fond, qui rappelle le célèbre mur grec, façade de palais.

J'ajoute qu'un grand velum abritait généralement les spectateurs contre le soleil ou contre la pluie.

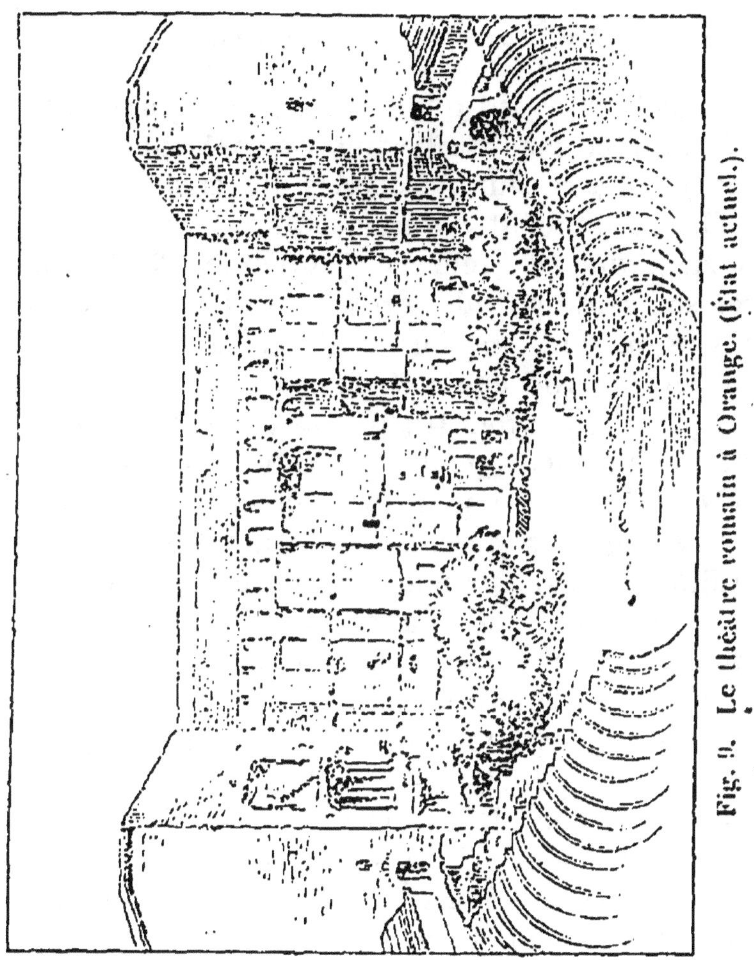

Fig. 9. Le théâtre romain à Orange. (État actuel.)

Voilà l'ensemble du théâtre romain sous Pompée, 61 av. J.-C. ; car les pièces de Plaute

et de Térence furent représentées sur des scènes
en bois provisoires.

Les tragédies et les comédies

Mais bien avant que la littérature hellénique
fût appréciée en Italie, on y représentait des
petites pièces comiques tirées du terroir.

On les appelait *Saturae* (pots pourris), *mimi*
et *Atellanae* (d'Atella en Campanie). C'étaient
des sortes de parades grossières et licencieuses
qui ne prirent une forme littéraire qu'à l'époque de Cicéron et de Sylla.

On voit ici (fig. 10) un de ces personnages
d'Atellanes. On peut remarquer la grossière
difformité du personnage, son crâne cabossé,
ses verrues et son ventre en forme d'œuf. C'est
vraiment un personnage hideux et qui ne pouvait convenir que pour être l'interprète de
farces très vulgaires où se complaisaient alors
les paysans de la Campanie.

Mais déjà les Italiens manifestaient un goût
plus prononcé, qu'ils ont toujours conservé
d'ailleurs, pour la musique et pour la danse.
Cela créera sous l'Empire, la pantomime, sorte
de ballet compliqué qui tuera, pour sa bonne
part, l'art dramatique.

C'est un esclave grec, Livius Andronicus, de
Tarente (vers 240 av. J.-C.), qui fit connaître
à Rome le drame hellénique.

A la suite, il y eut alors deux sortes de tra-

gédies : l'une purement grecque (la *palliata*),
l'autre *(praetexta)* qui prit són sujet dans l'his-

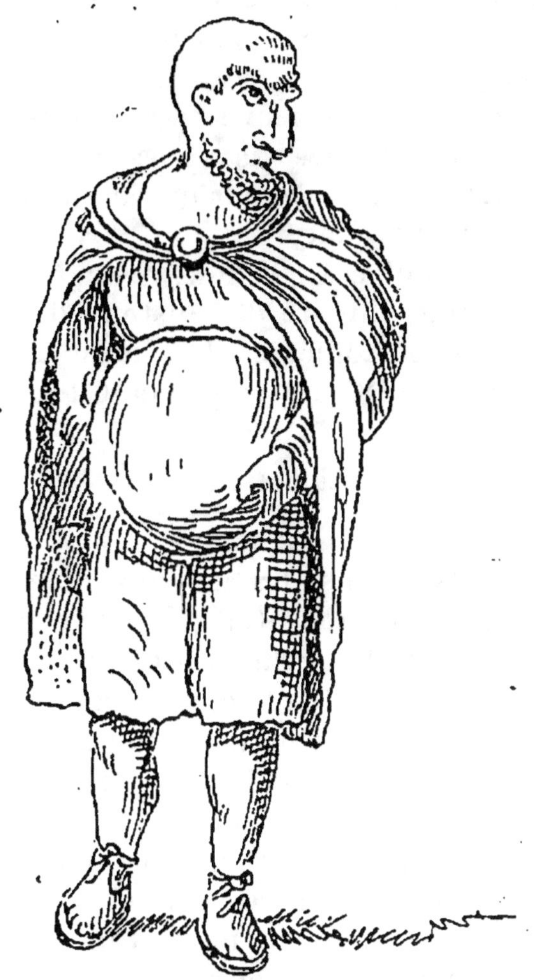

Fig. 10. Personnage d'Atellanes.

toire romaine et ainsi appelée parce que les
acteurs y portaient la toge prétexte.

De même, il y eut deux sortes de comédies :
la *palliata*, dont la scène se passait en Grèce et
où les acteurs portaient le *pallium*, et la *togata*,
où des acteurs en toge représentaient une pièce
italienne.

Les *togatae* elles-mêmes se divisaient en
trabeatae, ou comédies visant les mœurs de la
haute société, et en *tabernariae*, consacrées aux
mœurs de la populace.

Les uniques pièces qui nous restent de cette
période, la plus illustre de l'histoire du drame
romain, sont les comédies de Plaute (254-184)
et de Térence (185-159), qui sont toutes des
palliatae.

Les acteurs

Que les temps sont changés !

Chez les Romains, les acteurs étaient fort
méprisés, et on les recrutait presque exclusivement parmi les affranchis ou les esclaves.

Souvent, on cite bien l'acteur tragique Ésope
et l'acteur comique Roscius comme ayant été
considérés, mais ce sont là des exceptions fort
rares.

A l'ordinaire, les acteurs étaient réunis en
compagnies sous les ordres d'un chef, qui était
lui-même un esclave ou un affranchi, et qui
écrivait souvent des pièces pour sa propre
compagnie.

Ces pièces trouvaient place dans les spectacles gratuits que l'État offrait au peuple ; elles

étaient représentées entre des combats de gladiateurs, des danses ou des mêlées de bêtes fauves.

Les masques furent adoptés par les acteurs. Toutefois, l'emploi n'en fut guère généralisé que dans les *palliatae*, après l'époque de Térence.

Aux magistrats qui présidaient les fêtes était échu le soin de payer l'auteur et les acteurs. Honoraires peu considérables et même honoraires nuls quand la pièce était sifflée.

Au fond, le peuple romain préférait mille fois à toutes les pièces du monde les jeux du Cirque qui flattaient au moins ses instincts de sauvagerie.

On peut voir, du reste (fig. 11), par cette restauration du Cirque, faite par Canina, — et nullement exagérée — combien le peuple et les magistrats romains attachaient, sous les Césars, d'importance à ce vaste « établissement » de plaisir. Des architectures merveilleuses, des statues, des colonnes ornaient les gradins et l'arène, où une foule innombrable, les jours de grandes fêtes, s'entassait.

Les décors

On utilisait des décors, cela est incontestable, surtout dans les *palliatae*.

La plupart représentaient des portes de temples, et, de place en place, on tendait des

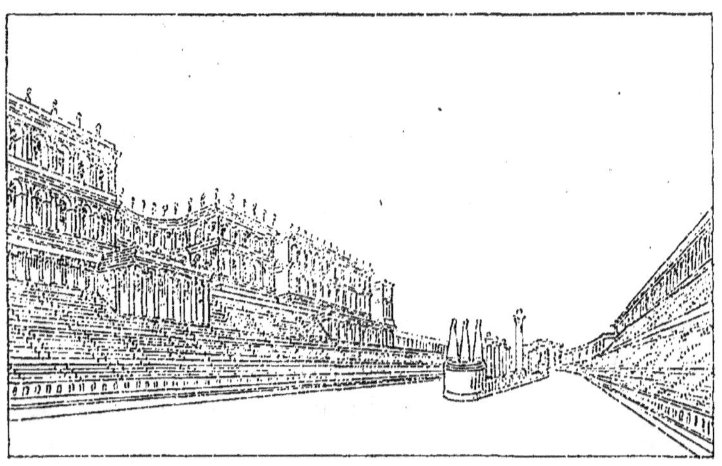

Fig. 11. — Le Cirque (restauré par Canina).

étoffes qui servaient à cacher, quand il le
fallait, les personnages de l'action.

D'après la figure 12 on peut se rendre compte
de l'embryon du décor alors utilisé. On peut
affirmer que nul progrès n'avait été fait, dans

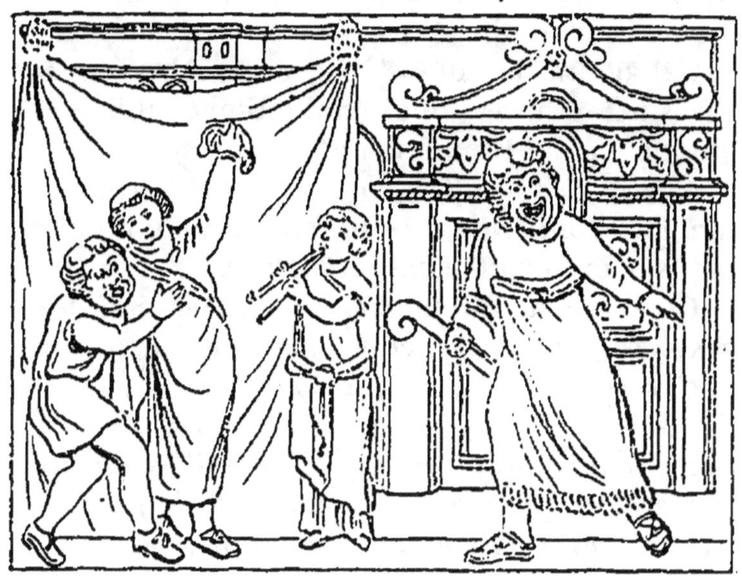

Fig. 12. Scène de comédie romaine.

ce sens, depuis le moment le plus prospère du
théâtre grec. Aussi bien, ce décor devait être
largement suffisant pour des acteurs, embarrassés encore par leurs masques, et dont une
petite joueuse de flûte rythmait, par intervalles
les répliques.

Marc Vitruve Pollion, célèbre architecte romain qui vivait au temps d'Auguste (Ier siècle
v. J.-C.), dit, dans le 5e livre de son *Traité*

d'Architecture, comment on doit installer le théâtre et il énumère les trois décors principaux qu'il intitule : scène tragique (avec statues, colonnes) ; scène comique (avec maisons ordinaires) ; — et scène satyrique (dans un bois avec maisons de paysans).

Et il donne les détails de ces décors, ainsi qu'il suit, d'après une traduction publiée à l'époque de la Renaissance :

« *Ceulx de la Tragique s'enrichissent de colonnes, Frontispices. Statues et autres appareilz sentans leur Royaulté ou Seigneurie.*

« *Ceulx de la Comique représentent maisons d'hommes particuliers, et ont leurs fenestrages et ouvertures faictes à la mode commune.*

« *Mais la Satyrique est ornée d'arbres, cavernes, montagnes, rochers, et pareilles choses formées d'ozier entrelassé en manière de paniers ou de clayes et couvert dessus ainsi qu'il est requis* ».

Enfin, un escalier en pierre, à double révolution, monte toujours de l'orchestre à la scène ou en descend.

CHAPITRE III

Le théâtre au Moyen âge

—

Tout d'abord, il ne faut point se lasser de répéter que le Moyen âge ne fut point une époque triste, comme d'aucuns s'obstinent à le prétendre ; et le peuple parisien ne cesse point de se moquer de tout. Il immortalise la Farce même aux murs des cathédrales. Son ironie n'épargne ni le Christ, ni les Saints, ni la Vierge, pourtant si fêtée.

Nous allons voir ce qu'il va faire pendant ces représentations en plein air que l'on appelle des mystères.

Mystères libres et mystères pieux. — Les décors. — Acteurs improvisés

Les premiers mettent en scène, au milieu d'un carrefour, sur un échafaud, artisans avec leurs instruments, médecins avec leurs fioles, gens d'Église avec leurs chapes, gens de justice avec leurs écritoires, gens de guerre avec leurs épées.

C'est un déroulement de comiques situations, un récit de vives railleries.

Le renard, animal rusé, sournois et preste, est le plus souvent le principal acteur.

On le voit successivement apprenti, garçon, maître, chef de jurande, apothicaire, chirurgien, avocat, juge, moine, pape, mais ne cessant jamais d'être renard, toujours gambadant, toujours sautant, en quête de méfaits et de drôleries.

Toute la ville vient l'applaudir. Jusqu'au soir il se démène ainsi, déchaînant l'ivrognerie et la luxure.

Les mystères pieux étaient, eux, consacrés à la vie du Christ, aux légendes bibliques, à la glorification de Dieu le Père.

Commencés avec quelque gravité, ils engendraient bientôt également mille bouffonneries.

La scène

Elle était toujours installée au-dessus d'un échafaud très élevé, adossé généralement contre la façade d'une maison.

De grandes toiles peintes figuraient une maison, un bois ou un palais. On les faisait descendre d'une charpente disposée en forme de cintre ; et souvent des outils, des meubles ajoutaient au *réalisme* de la scène.

Pour les mystères pieux, la décoration suivait une règle précise.

Il y avait trois échafauds superposés représentant l'enfer, le purgatoire et le ciel.

Dans le bas se trouvait l'enfer, figuré par une énorme gueule de diable, rouge, velue, et entourée de diablotins crachant du feu.

Au milieu, c'était le purgatoire. Le décor était moins terrible ; il s'harmonisait avec le vénérable Adam et l'accorte Ève.

Dans le haut enfin, le décor réprésentait le ciel. On y voyait, peints sur la toile, des nuages, des anges, et, assis au beau milieu, Dieu le Père, qu'entouraient des Saints à la longue barbe.

Ces trois décors restaient immobiles. Ils étaient fixés sur des charpentes au travers desquelles grimpaient des escaliers pour permettre l'ascension de l'âme qui, partie de l'état de péché, arrivait à la félicité céleste.

Devant chacun des trois décors une vraie scène aussi s'étendait ; car les acteurs étaient nombreux et, souvent, on faisait figurer des animaux, comme la vache de Bethléem ou bien encore l'ânesse de Balaam.

Les merveilleux charpentiers du Moyen âge dressaient et rendaient aisément praticables ces trois échafauds.

Les représentations

Au début, la représentation des mystères pieux avait été le privilège exclusif des Confrères de la Passion, tandis que les *moralités* (compositions scéniques, où figuraient des idées abstraites personnifiées) étaient jouées par les clercs de la basoche ; mais bientôt, les *moralités* ayant fait place à la *farce* et à la *sotie*, *moralités* et *mystères* furent représentés par les premiers venus.

Ce fut certes beaucoup plus gai ; car ces
acteurs improvisés ne prenaient nul soin de se
grimer. Alors toute l'assistance reconnaissant
l'épicier, le sellier, le barbier, qui, de bonne
volonté, tenaient les rôles, s'esclaffait et inter-
pellait de réparties, vives et drues, le malheureux Barabbas ou le Christ lui-même.

La grosse gaîté du peuple se donnait libre
cours. Sans souci du drame représenté, même
quand Marie-Magdeleine pleurait aux pieds du
Christ, on criait à l'un des acteurs d'aller
retrouver sa femme qui était en train de le
tromper, — ou bien à un autre de se sauver
vite parce que ses chausses brûlaient.

Souvent aussi l'ânesse de Balaam refusait de
traverser la scène ou encore la vache, sans
souci du lieu, s'oubliait.

Alors c'était un vaste éclat de rire.

Entraînés, les acteurs bientôt faisaient de
même. Ils lançaient à leur tour des apostrophes
aux spectateurs, et la mêlée des quolibets deve-
nait générale.

Il y avait certes des esprits délicats et lettrés
qui voulaient réagir, mais ils ne pouvaient rien
contre le goût de bouffonnerie de la foule.

CHAPITRE IV

Le théâtre au temps de Shakespeare
Les décors

—

Lorsque William Shakespeare vint à Londres, vers 1586, pour prendre la première place parmi les poètes dramatiques de tous les temps, il trouva le théâtre anglais déjà illustré par les classiques qui avaient pour chef Ben Johnson et par les « indépendants » à la tête desquels se plaçait sans conteste Christopher Marlowe, l'auteur de *Tamerlan* et de *La vie et la mort du docteur Faustus*.

Il s'enrôla tout de suite dans la troupe de Burbadge, impresario habile, et il y resta.

Vers 1594, ce Burbadge ouvrit la nouvelle salle du Globe, qu'il plaça sous le patronage de Sa Majesté la reine Élisabeth.

« Le théâtre de Burbadge, dit M. Alfred Mézières (dans son admirable volume intitulé : *Shakespeare, ses œuvres et ses critiques*), était le plus beau et le mieux bâti de Londres, ce qui ne veut pas dire qu'il eût satisfait des spectateurs modernes. On sait généralement, sans qu'il soit utile d'entrer à ce sujet dans de longs détails, quelles étaient alors la simplicité de l'édifice et la pauvreté de la mise en scène. Les spectateurs du parterre se tenaient debout dans un vaste espace découvert, en face duquel jouaient les acteurs, souvent gênés et embarrassés par la foule des gentilshommes qui se pressaient sur les planches entre eux et le public. Le son des trompettes et un drapeau déployé annonçaient le commencement de la représentation, qui avait lieu tous les jours à trois heures de l'après-midi. Dix musiciens italiens jouaient une ouverture, et aussitôt apparaissait le prologue, personnage vêtu de noir. Un simple écriteau indiquait le lieu de la scène. Ce procédé sommaire dispensait les auteurs de songer à l'unité de lieu. Dans les entr'actes, et avant que le rideau fût levé, les gens du peuple fumaient, buvaient de la bière et jouaient aux cartes. Souvent même, ils engageaient, avec les gentilshommes assis commodément en avant de la scène, des dialogues bruyants qui se terminaient généralement par une pluie de projectiles lancés du parterre. Pour leur faire prendre patience, on leur envoyait un chanteur ou un bouffon qui les amusait par ses lazzis et qui apostrophait les tapageurs sur un ton comique. La pièce ne se terminait guère sans une sorte de parade, dont un fou populaire faisait les frais, en dansant avec un tambour de basque ».

Il faut convenir que le spectacle devait avoir une rare saveur pour retenir des gens parqués dans d'aussi piètres conditions. Le rideau levé, les spectateurs n'avaient même pas pour se réjouir les yeux des décors impressionnants : car, ajoute M. Alfred Mézières :

« La grossièreté des décorations répondait à celle de l'édifice. Pour les tragédies, on se bornait à tendre le théâtre en noir. Une charpente en bois, placée au fond de la scène, représentait à volonté une fenêtre, un toit, un balcon, une tour ou une montagne. Comment s'étonner que, exigeant sur ce point tant de frais d'imagination de la part des spectateurs, on leur demandât en outre, comme un effort facile, de se transporter par la pensée d'un pays à l'autre ou de franchir en idée l'espace de vingt ans ? Dans un passage célèbre et souvent cité, Philippe Sidney, qui avait vu les magnificences de l'Italie, se plaignait de l'indigence des théâtres anglais. Shakespeare aussi sentait l'insuffisance des moyens matériels dont il disposait : il eût voulu parler aux yeux par la pompe du spectacle. Il exprime, à plusieurs reprises, ses regrets dans les chœurs de *Henri V* : « Comment, dit-il au public, pouvons-nous représenter les champs de la France sur la scène ? Mettez-y de la bonne volonté. Supposez que dans ces murs sont renfermées deux puissantes monarchies aux prises. Quand nous parlons de chevaux de guerre, figurez-vous que vous les voyez piaffer et que vous les entendez hennir. Que votre pensée supplée à notre impuissance ! » Plus loin, il ajoute : « Avec quatre ou cinq fleurets émoussés et un vain simulacre de combat, nous allons déshonorer le nom glorieux d'Azincourt ».

Faut-il donc regretter que Shakespeare n'ait point pu utiliser nos décors si compliqués, nos fastueuses mises en scène ? Les avis sont partagés. M. Alfred Mézières, qu'il convient toujours de citer dès qu'on parle de Shakespeare, pense, lui, qu'il ne faut point déplorer que le poète n'ait pas eu à sa disposition plus de ressources. Il dit : « Shakespeare songeait, en écrivant les lignes ci-dessus, au succès présent qui l'intéressait comme auteur et comme acteur.

« Mais ses œuvres n'eussent rien gagné à être entourées de tout le luxe de l'art moderne. L'effort que fit son esprit pour remplacer les effets matériels par la puissance des émotions profita à la beauté de ses conceptions. N'attendant aucun secours du dehors, il tira peut-être plus de lui-même qu'il ne l'aurait fait s'il avait pu compter sur l'illusion de la mise en scène. En voyant jouer ses pièces à Londres ou en Allemagne, j'ai souvent pensé que la multiplicité des décors et l'habileté du machiniste diminuaient, au lieu de l'augmenter, l'impression du spectacle. Je songeais à la simplicité du théâtre français, où rien ne trouble le recueillement des spectateurs, et j'aurais voulu que pour représenter des drames qui offrent tant d'aliments à la pensée, on songeât moins à occuper les yeux qu'à favoriser la liberté de la méditation ».

A l'opposé, on peut répondre qu'une tentative heureuse fut faite par Mme Georgette Leblanc de représenter *Macbeth* dans les décors naturels, cloître et parc, de la vieille abbaye de Saint-Wandrille, en Normandie.

Mais il peut être reproché que souvent l'action s'éparpillait dans ces décors trop illimités. Pour « faire frissonner », il vaut peut-être mieux être « sur » le spectateur.

Le théâtre en France au XVI° siècle

Le théâtre ne comporte alors, à proprement parler, ni décors, ni costumes. La scène est tendue de rideaux flottants derrière lesquels les acteurs, vêtus à la mode de leur époque, quelque personnage qu'ils représentent, attendent le moment de faire leur entrée.

Remarquons, en passant, que les rôles de femmes étaient toujours tenus par des hommes.

Une gravure de Jean de Gourmont, intitulée *Une « Farce » dans un théâtre parisien*, au XVIe siècle précisément, nous renseigne complètement à tous égards.

C'est en somme l'installation d'une parade foraine à l'heure actuelle. Les spectateurs sont debout et entassés comme aujourd'hui à la fête de Neuilly.

Personne n'est choqué de la fantaisie extrême, de l'inexactitude et de l'anachronisme qui sont de règle. Ces spectateurs de bonne composition s'amusent toujours, même si l'on représente par à peu près l'enfer, une forêt, une caverne, etc.

CHAPITRE V

Le théâtre classique en France

L'autoritaire et puissant cardinal protège, on
le sait, le grand auteur tragique et lui permet
de faire représenter ses œuvres illustres.

Les moyens scéniques sont encore assez rudimentaires. Pas de frais d'accessoires. Les
acteurs jouent avec leurs costumes de ville, et
les décors sont des plus simples.

Du reste, plus de ces changements de lieux
comme dans les œuvres de Shakespeare. Pierre
Corneille subjugue les âmes par des moyens
dramatiques plus simples, mais encore très
fortement exprimés, qui ne demandent pas au
spectateur de se transporter par la pensée, au
cours de l'action, dans plusieurs sites divers.

Une gravure d'Abraham Bosse, qui représente l'hôtel de Bourgogne en 1630, nous
montre le décor-salon dans lequel on donnait
la plupart des spectacles.

Cet hôtel, où furent jouées d'ailleurs les premières tragédies de Corneille, ne possédait que trois décors qui servaient à toutes les œuvres dramatiques, un palais, un décor champêtre et un salon.

Ce salon, d'après la gravure citée plus haut, était plutôt une galerie de palais très solennel avec des balustrades et des pilastres.

Et, vers 1640, l'aspect qu'offre la plus belle des salles de spectacle de Paris, la salle du Palais-Royal, n'est pas plus compliqué. La décoration est toujours très simple.

Pour la tragédie, c'est la galerie en colonnade d'un palais ; pour la comédie, un salon ou une place publique.

Comme l'unité de lieu est alors une règle inflexible, il ne peut y avoir qu'un seul décor.

Molière

Avec Molière, nous sommes en présence d'un autre homme de théâtre très complet.

Le grand comique aime sa profession d'un amour si frénétique qu'il la veut servir de toutes les façons.

Il ne se contente pas d'écrire des chefs-d'œuvre, il les joue.

Bien mieux, il se fait directeur de troupes et il bataille tant qu'il peut pour obtenir à demeure une salle de spectacles.

Il est un impresario vigilant, actif et avisé.

N'obtenant pas encore à Paris la salle de

spectacles qu'il convoite, il se met à parcourir la France, en traînant avec lui ses acteurs, ses bagages d'accessoires, ses costumes et ses décors.

Pendant des années, il joue ainsi au hasard du sort. Puis il revient à Paris, trouve son théâtre, s'y installe et y représente les œuvres illustres qu'il a eu le temps de mettre au point pendant sa vie vagabonde.

Jean Racine

De son côté, Jean Racine connaît aussi des triomphes. Puis il subit une crise morale, et il va abandonner le théâtre quand Mme de Maintenon le contraint presque à écrire cette fois pour ses demoiselles de Saint-Cyr. Et voici *Esther* et voici *Athalie*.

La mise en scène est alors toute délicate, et les décors d'un effet plus recherché.

Quel était l'état matériel du théâtre ?

La situation matérielle du théâtre, en général, n'est pas très louable.

La salle est mal éclairée avec les quelques chandelles qu'on peut installer çà et là.

Au parterre, les spectateurs se tiennent debout.

Sur la scène, on a installé des banquettes où prennent place les gens de la noblesse, des auteurs ou des comédiens sans rôle. Ces banquelles encombrent le théâtre, nuisent à l'effet des décorations et même à toute illusion scénique. De plus, elles gênent considérablement les acteurs, surtout lorsqu'elles sont toutes occupées par des spectateurs qui ne se gênent pas pour converser à voix haute.

Un auteur put écrire :

« Et quelles impertinences ne se permettent-ils pas !

« Un jour, un marquis imagine d'amener avec lui un chien de haute taille ; un autre installe sur la scène, avant le commencement du spectacle, tous les bossus, les manchots et les nains qu'il avait ramassés dans les bouges de la capitale. Un autre jour, comme Mlle Duménil représentait dans la tragédie de *Corneille* le rôle de l'odieuse Rodogune, un vieux militaire se précipite sur Duménil-Rodogune et lui envoie un coup formidable dans le dos, en criant : « Va, chienne, à tous les diables ! » Un autre jour encore, à la représentation de la *Judith* de l'abbé Boyer, les banquettes sont occupées par deux cents femmes qui ont leur mouchoir étalé sur leurs genoux pour s'essuyer les yeux aux passages d'émotion. Tout, ainsi, est rendu impossible ; il n'y a pas de perspective pour le décor, les acteurs ne peuvent se mouvoir sur le théâtre : quand arrive le spectre de *Sémiramis*, il trébuche et manque de tomber.

« Pour débarrasser la scène de ces importuns il faudra de longues réclamations, une campagne qui durera un siècle, toute l'éloquence, toute l'ingéniosité, toute l'opiniâtreté de Voltaire. Et de qui viendra la résistance à vaincre ? Des comédiens eux-mêmes. Ce sont eux qui s'obstinent contre la coalition des gens de goût ; .car ils ne veulent pas perdre le gros profit qu'ils tirent de la location de ces places. Ils ne céderont que le jour où un grand seigneur, M. de Lauraguais, offrira une indemnité de 12.000 livres aux acteurs de la Comédie-Française ; c'est alors seulement. en l'année 1759, que le public aura disparu de la scène et qu'on ne verra plus le spectre de *Sémiramis* se heurter aux banquettes ».

A la fin du XVIIe siècle, il y a eu toutefois déjà quelques progrès. quant à l'art des groupements et de la décoration théâtrale.

Il était alors de mode de représenter des. opéras-ballets, à l'imitation de ceux qui étaient fort en vogue à la cour du duc de Toscane.

Si l'on s'en rapporte à une gravure de Callot qui représente un de ces opéras-ballets, intitulé : *Les divinités infernales.* on est forcé d'admirer une très complète et très pittoresque décoration théâtrale, où l'on n'a pas ménagé, certes. les .portiques. les voûtes, les colonnes et les tourelles.

CHAPITRE VI

La comédie italienne

—

Masques et bouffons aux foires de Paris et sur le Pont-Neuf. — Les décors.

Pendant ce temps, d'autres acteurs sont venus d'Italie où ils donnaient des représentations en plein air.

Ils s'installent dans toutes les foires qui amusent alors Paris : à la foire Saint-Germain, à la foire Saint-Laurent.

Masques et bouffons s'en donnent à cœur joie.

Sur le Pont-Neuf, où ils vendent de l'orviétan, ils édifient une petite baraque dont des toiles grossièrement peintes forment les décors.

Ils nous font connaître Polichinelle, le gros bossu, Pierrot le lunatique, le preste Arlequin et la sémillante Colombine.

Auparavant, au temps de la Renaissance, ils nous avaient déjà présenté les ancêtres de ces types amusants : Franca Trippa, sorte d'Arlequin, Fritellino, l'aïeul de Polichinelle, Fracasso, Taglia Cantoni, etc. Vous les connaissez d'ailleurs, dans toute leur drôlerie pittoresque et dans tous leurs sauts, car Callot les a dessinés avec une joie véritablement enfantine.

Voici (fig. 13) un de ces petits fantoches vivants, remuants, bondissants : petit « paquet de nerfs » comme on dit vulgairement, avec une

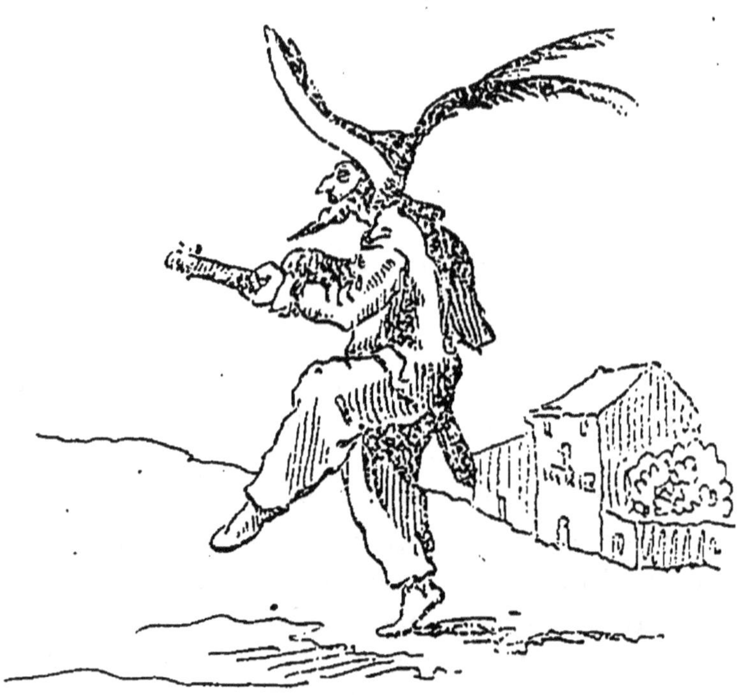

Fig. 13. Fritellino, un ancien type de la Comédie italienne, d'après Callot.

mine de gaillard au mauvais caractère : type de spadassin et de pitre.

Alors, ces acteurs fantaisistes constituaient des troupes nomades qui allaient de ville en ville, traînant avec eux leurs décors et leurs accessoires, s'arrêtant dès que trois ou quatre personnes s'attroupaient en les voyant surgir.

Oh ! l'action dramatique était simple. Ce n'étaient que sauts et cabrioles, des coups de bâton et des chutes soudaines ; en un mot, des facéties d'acrobates véritables.

On riait et c'est tout ce que demandait le public entassé et debout devant le plancher où dansaient les acteurs.

Nouvelles décorations

Quand les bonds et les cabrioles furent remplacés par de petites pièces écrites, telle cette parodie du *Cid*, jouée en 1695, sous ce titre : *Le tombeau de maître André*, de vraies décorations furent alors imaginées et représentèrent sur la même toile de fond, toutefois, des escaliers, des jardins et des treillages.

Il y avait manifestement désir précis de constituer un tableau.

La figure 14 représente une de ces toiles de fond. La peinture en était légère et discrète. Elle s'accordait avec le babil de ces personnages d'alors auxquels ne convenaient ni la farce du Moyen âge ni la grossièreté des pièces du théâtre romain.

On peut facilement s'en rendre compte encore en consultant certaines estampes du XVIIe siècle consacrées au théâtre en général.

Les grands peintres Watteau et Lancret

devaient, du reste, composer divers tableaux

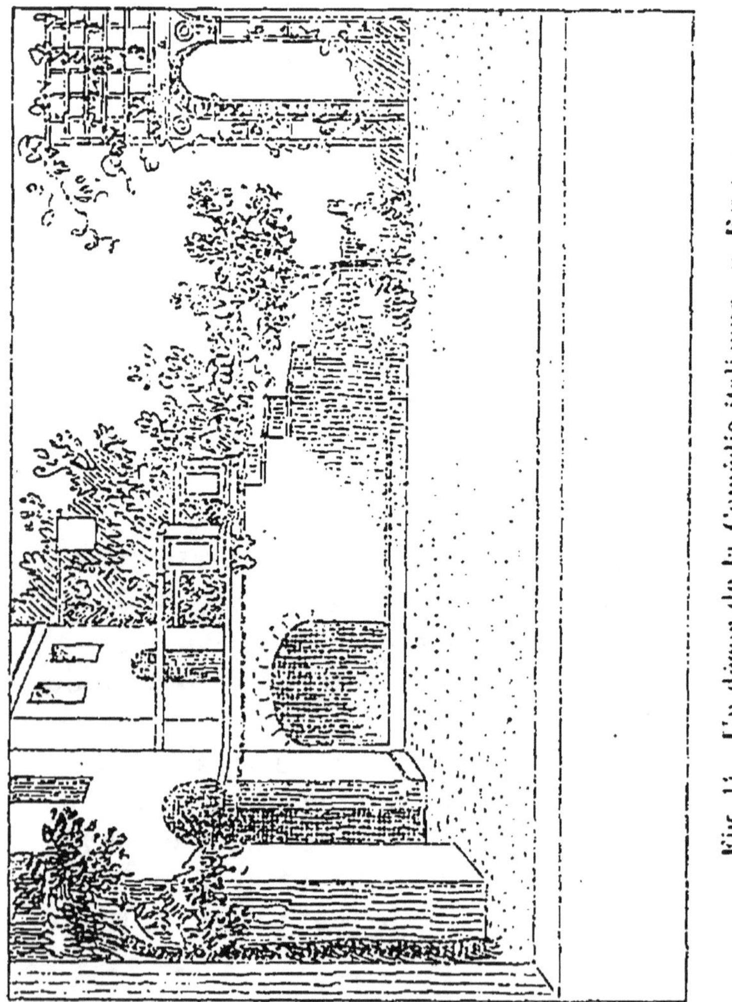

Fig. 14. — Un décor de la Comédie italienne, en France.

avec les types un peu « épurés » de la Comédie
italienne.

CHAPITRE VII

Le théâtre sous Louis XV

—

Au temps de Louis XV, le goût général du théâtre s'accroit. — Diverses modifications quant à l'organisation matérielle des salles de spectacles.

Partout on fonde des salles de spectacles. Les théâtres publics deviennent insuffisants. Tout grand seigneur ou riche financier veut posséder une salle de théâtre dans son hôtel.

La Comédie-Française a passé de l'hôtel du Petit-Bourbon au Palais-Royal, puis dans un hôtel de la rue Guénégaud, puis, en 1688, dans un jeu de paume de la rue des Fossés-Saint-Germain, en face du café Procope. Elle y restera jusqu'en 1770 et c'est là qu'on viendra entendre les tragédies de Voltaire.

L'Opéra est au théâtre du Palais-Royal et y restera jusqu'en 1782. Les Italiens, devenus plus sages, joueront à l'hôtel de Bourgogne. A la foire Saint-Laurent, il s'est fondé un théâtre de vaudevilles et d'ariettes, où Dancourt, Lesage, Piron et Dufresny s'efforceront de briller.

Les théâtres sont encore mal organisés

Un théâtre est alors un lieu si incommode qu'on propose à chaque instant des modifications, mais peu sont suivies.

On a d'abord toutes les peines du monde à déloger les banquettes qui se sont installées sur la scène et qui deviennent non pas seulement un encombrement de plus en plus réel, mais encore un motif de querelles, car souvent les gens qui y sont assis sont pris à partie par les gens du parterre qu'une longue station debout excite à se plaindre.

Puis l'éclairage est défectueux, et il y a beaucoup de places d'où l'on voit mal. Il faudrait rebâtir tous les théâtres. On se contente d'orienter un peu mieux les places vers le centre de la scène.

CHAPITRE VIII

Histoire générale des théâtres de Paris, à partir de 1784

Le premier lustre garni de quinquets fut placé à l'Odéon en 1784.

On va pouvoir augmenter l'illusion scénique !

On installa à la Comédie-Française un lustre de même sorte. Il paradait au milieu du parterre enfin garni de banquettes.

Soit dit en passant, c'est à ce lustre central qu'on doit l'institution de la *claque*. Voici comment : des gouttes d'huile tombant souvent du lustre, personne ne voulait occuper le centre du parterre ; alors on résolut d'y placer des gens de bonne volonté qui ne payeraient pas, et qui, en échange du spectacle qu'on leur offrait, manifesteraient leur contentement aux bons endroits. Ce ne fut que plus tard qu'on relégua la *claque* dans les galeries supérieures.

Les théâtres de Paris n'avaient pas tous la même juridiction.

L'Opéra et la Comédie-Française étaient seuls considérés comme des théâtres avec privilèges.

Toutefois, les foires Saint-Laurent, Saint-Germain, Saint-Ovide restaient en dehors.

Sur leurs tréteaux, on parodiait avec beaucoup de verve les opéras très graves que la noble scène de l'Académie royale de musique s'efforçait de représenter avec le plus grand sérieux. C'est là l'origine de l'Opéra-Comique.

On chercha bien à ennuyer ces troupes fantaisistes, mais elles n'en continuèrent pas moins à subsister très gaîment.

Alors on décida qu'elles ne pourraient garder leur étroite liberté qu'en payant une forte redevance au profit de l'Académie royale de musique, qui, seule, avait le pouvoir de chanter. Déjà, à cette époque, on cherchait à faire vivre l'Opéra par tous les moyens possibles.

Mesures vexatoires qui se répétèrent ailleurs.

Ainsi le théâtre des Funambules ne put subsister qu'à la condition suivante : tous les acteurs de la troupe devraient, au lever du rideau, danser ou au moins marcher sur la corde. Après quoi, le théâtre des Funambules pouvait représenter des petits vaudevilles, comme tel était son désir. C'était s'humilier devant les seuls théâtres d'État.

Quant à l'édification proprement dite des théâtres, elle était entièrement libre depuis le 13 janvier 1791.

C'est dire que, de tous côtés, s'étaient élevées des salles de spectacles dont la durée pour beaucoup fut éphémère.

Le décret de 1807 réduisit à Paris le nombre des théâtres à huit, à savoir :

Le Théâtre-Français ;
L'Opéra :
L'Opéra-Comique ;
Le Vaudeville :
Les Variétés ;
La Porte-Saint-Martin ;
La Gaîté :
Les Variétés Étrangères.

Le plus achalandé de ces théâtres fut celui des Variétés : on y réalisait de plus fortes recettes qu'à l'Opéra et à la Comédie-Française.

On avait envie de construire de nouveaux théâtres. En 1821, malgré l'opposition des anciens théâtres impériaux, on ouvrit le *Gymnase dramatique* ou *le théâtre de Madame*.

Puis ce fut le tour du *Panorama dramatique* fondé par le baron Taylor. sur le boulevard du Temple.

En 1828, c'est l'Opéra-Comique qui s'installe dans la salle Ventadour.

En 1834, cette même salle devient le théâtre Nautique, et, en 1838, la Renaissance, où l'on représentera les œuvres de l'école romantique.

Sous le règne de Louis-Philippe, on ouvre encore en 1837, sur le boulevard du Temple, le théâtre Historique. où Alexandre Dumas, aidé de nombreux collaborateurs, fait jouer ses drames.

De 1859 à 1862, on construit enfin le théâtre du Châtelet, le théâtre Lyrique. et le théâtre de la Gaîté au square des Arts-et-Métiers.

A l'origine, la plupart de ces théâtres avaient été réunis au boulevard du Temple, qui avait alors une physionomie toute particulière, hélas ! perdue lors de la transformation de ce quartier.

Ces diverses salles de spectacles constituaient ce qu'on appela pittoresquement le *boulevard du Crime*. On y trouvait à la queue leu leu le théâtre Historique, le cirque Olympique, les Folies-Dramatiques, la Gaîté, les Funambules, le petit Lazari.

Quelle animation depuis cinq heures jusqu'à minuit ! car quelques-uns de ces théâtres donnaient deux représentations dans la soirée.

Des estampes conservent l'amusant souvenir de tous ces théâtres.

———

CHAPITRE IX

Décorations de fêtes
depuis le XVe siècle jusqu'à nos jours

—

Avant de parler avec détails des décors au
XIXe siècle et de notre temps, il convient de ne
pas passer sous silence l'art véritable avec
lequel les peintres-décorateurs organisèrent en
France des décorations en plein air, pour com-
mémorer des grandes fêtes ou des réjouissances
publiques.

Aussi bien, c'est là encore un art qui relève
tout à fait du théâtre, car les machinistes eux
aussi prennent une grande part dans l'édification des charpentes qui doivent soutenir le ou
les « motifs » choisis, souvent très considérables.

D'abord un point est acquis : les gens du
Moyen âge et de la Renaissance, sans remonter
plus avant, prodiguaient la peinture et la
dorure partout.

En 1433, pour l'entrée de Charles VII à Paris,
on éleva des fontaines mystiques avec figures
d'anges de grandeur humaine et coloriées ; et
cela faisait de place en place des « stations »
vraiment agréables à la vue.

Quand Henri II entre à son tour à Paris, on
adosse à l'ancienne Porte Saint-Denis des
figures rustiques colossales d'au moins huit

mètres de haut, qui tiennent sur leur poitrine un large croissant.

Et l'on s'ingénie à renouveler la fantaisie, à multiplier les ors et les peintures.

Si même on croyait à la lettre les récits des chroniqueurs d'autrefois, il faudrait se dire que nos décorateurs actuels sont de maladroits disciples à côté de ces maîtres qui « animaient » les figures, donnaient la vie aux animaux et faisaient traverser les airs aux anges et aux oiseaux.

Accordons les justes mesures et reconnaissons volontiers que depuis cinq cents ans on est toujours aux mêmes modes de décor : toile peinte et relief.

Elles sont innombrables d'ailleurs les fantaisies décoratives que l'on a imaginées au cours des âges.

Ainsi, au XVIᵉ siècle, un obélisque de 24 mètres de hauteur entièrement bronzé, avec bas-reliefs représentant les travaux d'Hercule, fut érigé pour une autre entrée royale.

Et combien d'autres décorations seraient à citer.

Déjà, les peintres sont très adroits pour donner l'illusion, avec plus de difficulté qu'au théâtre, où l'on ne voit les peintures que sous un seul aspect, et où le soleil n'est pas là pour jouer le vilain tour d'éclairer à gauche ce que l'on a éclairé à droite et *vice versa*.

Il y a toujours, certes, un grand souci du décor habilement peint, pour le plus sûr effet.

Et souvent, c'est une vaste « machine décorative », comme l'arc de triomphe qui fut élevé à Rouen, en 1596, pour l'entrée de Henri IV.

D'autres fois, ce sont des modelages de plâtre peint qu'on emploie : tels ces rhinocéros grandeur nature en relief supportant une pyramide, qui furent érigés pour une autre entrée royale, en 1549.

Et, j'y reviens, quelle ingéniosité dans la mise en œuvre !

Ainsi, on a gardé du xvi⁰ siècle le dessin d'une porte rustique, décorée de figures grandeur nature, en relief et peintes, pour donner l'illusion d'ouvriers travaillant encore au passage du Roi. Et l'on voit, en effet, un ouvrier qui place un écusson, un autre qui taille la pierre, un troisième, un quatrième, un cinquième qui vaquent à des besognes d'ouvrier maçon.

Au xvii⁰ siècle, les décorations de fêtes, toujours allégoriques, deviennent de grandes « machines » architecturales. Les peintres-décorateurs se solennisent.

La grande fête donnée par Louis XIV, en 1664, et qui dura sept jours, fut, en exemple, une suite de « merveilles » décoratives.

Au xviii⁰ siècle, au contraire, il y a moins de grandeur architecturale. On emploie les décors en treillis ; on édifie des galeries de bois, des arceaux enrubannés : la décoration se fait très gaie ; elle est visiblement inspirée par Watteau et par Lancret.

Sous Louis XVI, même pittoresque joli. On cite qu'à Lisieux, pour l'entrée royale de 1786, comme on n'avait pas de statues modelées et peintes à placer sur quatre arcs de triomphe, on y installa « quatre jeunes filles vivantes, personnifiant la bienfaisance, la navigation, la justice et la paix, toutes jolies, vêtues à l'antique et tenant dans leurs bras des gerbes de blé, des gouvernails et autres accessoires ».

Viennent les grandes fêtes de la Fédération. Alors, il s'agit de caser des foules immenses ; on développe les gradins, on élargit les enceintes.

Pour la Fédération générale du 14 juillet 1790, on « emploie deux cent mille travailleurs de bonne volonté à remuer le sol pour transformer le terrain plat du Champs de Mars en un immense amphithéâtre de forme allongée dont les talus en terre, avec gradins rompus par de nombreux passages à niveau et soutenus par de vigoureux contreforts, vont recevoir plus de trois cent mille spectateurs ».

Pavillon de fête, arc de triomphe, tout y figure, mais les *faisceaux de licteurs* ont fait leur apparition (fig. 15).

On vante souvent de cet instant-là la fête qu'on célébra en l'honneur de l'Être suprême.

D'après la figure 16 on peut se rendre compte approximativement de l'ensemble de ce *décor praticable*.

Des récits du temps déclarent que les rochers,

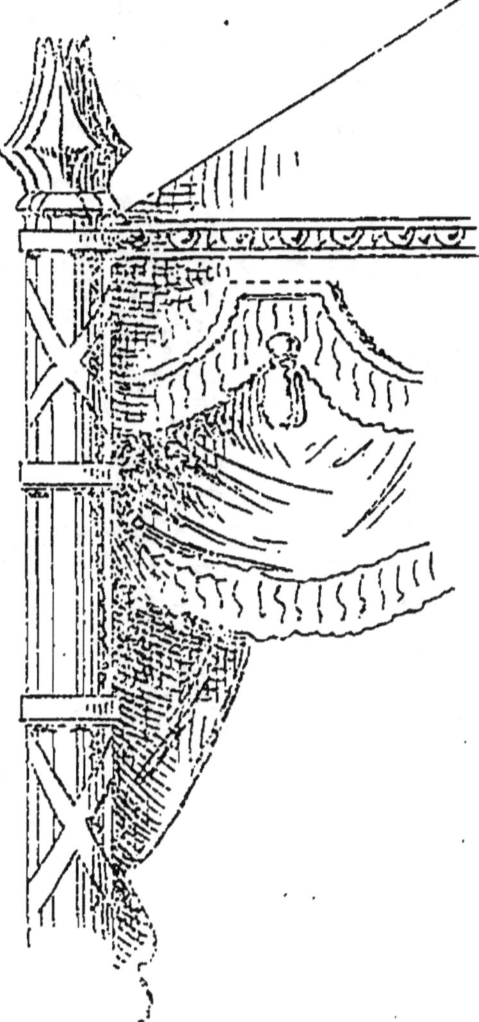

Fig. 15.   Faisceaux de licteurs soutenant les tentures
des tribunes érigées au Champ de Mars
pour la Fédération (1790).

les broussailles et les arbres donnaient « l'illusion d'une montagne naturelle ».

Il faut donc croire que ladite montagne était constituée par une charpente que recouvraient des mottes de terre ou de gazon. D'ailleurs, il fallait de formidables poutres enchevêtrées

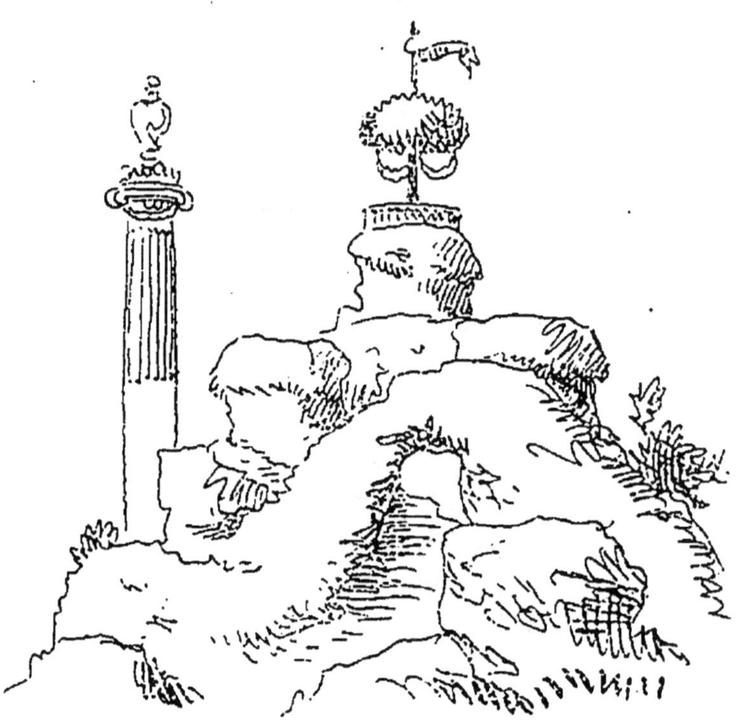

Fig. 16. — Montagne élevée sur le Champ de Mars pour la fête de l'Être suprême le 20 prairial an II (1793).

habilement pour supporter les foules qui y prirent place : vieillards et jeunes gens, jeunes filles et mères de famille, ouvriers et grands fermiers, sans oublier les membres de la Convention, vêtus de l'habit bleu barbeau, portant l'écharpe tricolore à la ceinture, et, dans les mains, un bouquet de fleurs et d'épis de blé.

Et cette foule s'agita, fit craquer la charpente, on peut le croire, quand elle hurla l'*Hymne à l'Être Suprême*, de Gossec et, sur

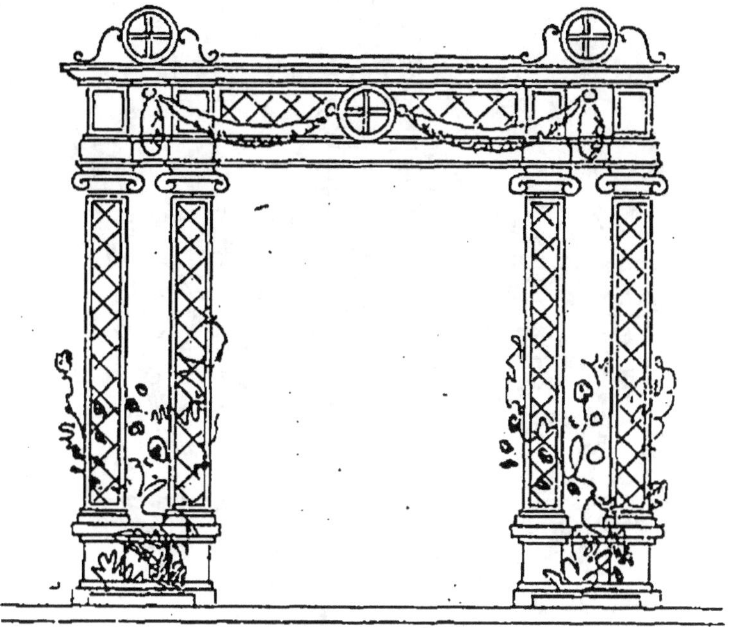

Fig. 17. Portique en treillis pour les fêtes du Tsar.

l'air de la *Marseillaise*, les strophes d'un chant de Joseph Chénier.

Mais, sous l'Empire, encore un revirement. On fait des monuments à la romaine ; la palmette, la guirlande et la lyre, inventées par les architectes Percier et Fontaine se retrouvent partout. Et s'il s'agit de construire des tribunes, des dais, on multiplie les lances, les couronnes et les aigles, avec des trophées d'angle formés de cuirasses et de casques empanachés.

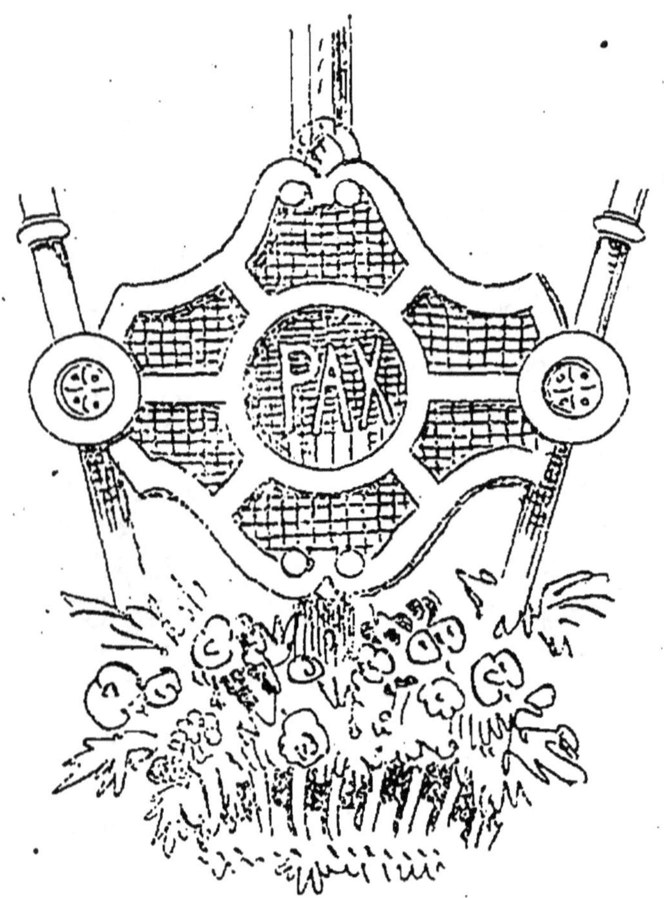

Fig. 18. — Cartouche et corbeille de fleurs en étoffe.
(Fêtes du Tsar, 1896.)

Plus tard, la fantaisie du peintre-décorateur se déploie encore. Ainsi, en 1859, pour la ren-

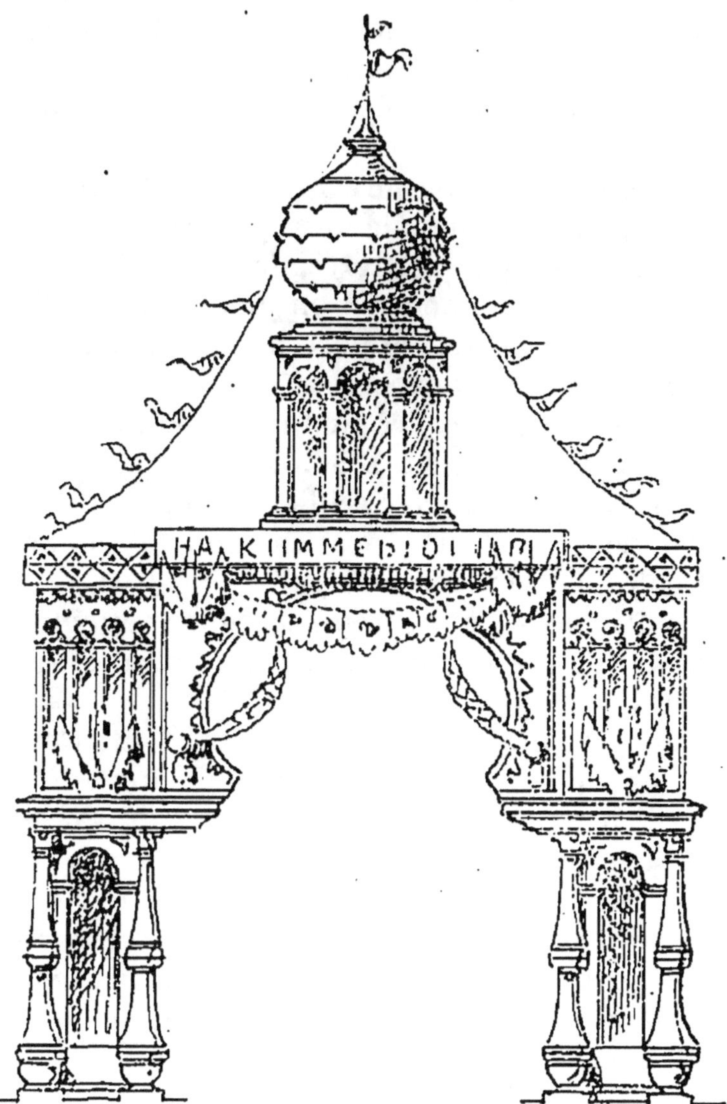

Fig. 19. Arc de triomphe de style moscovite
érigé pour les fêtes du Tsar.

trée des troupes d'Italie, on édifie sur le boulevard, une cathédrale de Milan en toile peinte qui sert d'arc de triomphe.

Puis on délaisse ces peintures plates, et on utilise des mâts vénitiens. Mais cela, il faut le dire, constitue trop souvent, même à l'heure actuelle, la plus banale des décorations. Ces mâts, on les fiche en terre, le plus généralement, au petit bonheur, et on plante dessus des boucliers en bois qui supportent tout de travers des trophées de drapeaux.

On fut mieux inspiré quand on édifia, pour les fêtes du Tsar, en 1896, des portiques en treillis, des dômes en treillis découpés et enguirlandés de fleurs, des cartouches et des corbeilles de fleurs en étoffe.

Les figures 17 et 18 représentent sommairement un de ces portiques et un détail des cartouches.

L'effet en était délicat et de bon goût. Pour une fois, on avait renoncé aux bons offices des entrepreneurs de fêtes publiques. On s'était adressé à des artistes.

Certes, quand il s'agit de décorations de fêtes, on devrait faire appel toujours à de véritables peintres-décorateurs au lieu de s'en tenir aux décorations cent fois usées qui, selon le crédit affecté, comportent un nombre précis de mâts et de portiques que l'on fiche en terre tous les ans, invariablement, de la même façon.

CHAPITRE X
Peintres-décorateurs d'hier

—

Les maîtres des peintres-décorateurs d'aujourd'hui. — Quelques grandes mises en scènes théâtrales au siècle dernier.

—

Les grands peintres-décorateurs d'hier, c'est toute la pléiade des Isabey, des Cicéri, des Nolau, des Rubé, des Despléchin, des Cambon, des Thierry, des Martin, des Séchau, des Chéret, des Lavastre, des Carpezat, etc.

Pendant de nombreuses années, ils ont fourni les décors de l'Académie royale ou impériale de musique, du théâtre de l'Opéra-Comique, du Théâtre-Italien, du théâtre Lyrique, du théâtre de la Porte Saint-Martin, du théâtre Historique, etc.

Alors le goût de la mise en scène est déjà très exigeant. On veut des décors solennels, très somptueux, d'un grand effet théâtral.

Il faut que les peintres-décorateurs accumulent toutes les ressources de leur art, s'ils veulent récolter des applaudissements. Ils n'ont pas encore à leur disposition l'électricité ; ils devront cependant produire tous les effets d'éclairage que l'action scénique réclame.

Heureusement, ces grands peintres-décorateurs sont vraiment admirables et renseignés.

Feuilletez d'anciennes reproductions de décors de ces temps-là, et vous serez surpris de rencontrer tant de « tableaux » parfaits, où la connaissance de l'architecture et du paysage se manifeste pour la plus entière réussite d'art.

Dans l'opéra de *Pierre de Médicis*, le 2ᵉ tableau du 3ᵉ acte : le *Campo-Santo de Pise*, était une merveilleuse adaptation architecturale, de l'effet le plus saisissant avec ses tombes au premier plan, ses arbres, et, dans le fond, le cimetière qu'entourait le cloître et que dominait la fameuse tour penchée.

A l'acte troisième, de la *Reine de Saba*, la salle du palais d'été de Salomon, les décorateurs Nolau et Rubé n'avaient-ils pas triomphé en disposant avec science les lourds piliers, les balustrades et les velums qui constituaient vraiment une grandiloquente apothéose architecturale ?

Dans ce même opéra, il y avait un autre décor, dû au peintre Martin, qui représentait « le lavoir de Siloé, délicieux paysage, à la lisière d'un bois de cèdres et de palmiers, aux premières lueurs matinales ».

On voit qu'il y avait aussi de poétiques et intimes paysages à peindre.

Et, quelques jours plus tard, il fallait « équiper » un ensemble grandiose, comme au 2ᵉ acte de *Sémiramis*, pour la scène du Serment, où toute l'architecture formidable de la Babylonie est imaginée.

De grandes toiles de fond, lumineuses, ardentes, des villes entières éparses sous le soleil, de vastes terrains où des foules pouvaient se déployer, on les dressait aussi, comme dans le 5e acte de la *Magicienne*, œuvre de Cambon et Thierry, qui fut unanimement admirée au théâtre de l'Académie impériale de musique.

Il était, certes, plus aisé de peindre les décors du *Val d'Andorre*, au théâtre de l'Opéra-Comique ; mais quelles jolies merveilles ont obtenues tout de même, une fois de plus, les peintres qui s'appelaient Martin, Rubé, Cambon et Cicéri.

Le 3e acte de l'*Enfant prodigue*, au théâtre de l'Opéra, fut encore un vif succès pour Cambon et Thierry ; car, elle était admirable, vraiment, cette salle immense, d'architecture babylonienne, où s'était éparpillée une énorme orgie.

Et ces grands décors étaient « machinés » de merveilleuse façon. Relisez par exemple les comptes rendus de la première représentation d'*Herculanum*, au théâtre de l'Académie impériale de musique : ils vous diront la stupeur heureuse éprouvée par tous quand le rideau se leva sur le décor de Cambon et Thierry, au 4e acte. Et cette fin de la Ville quand le Vésuve gronde et que les colonnades, une à une, s'écroulent !

Et les forêts ? Le peintre Chéret en avait représenté une, plus composée que « nature », plus « immédiate d'effet », pour le 3ᵉ acte de la *Perle du Brésil*, au théâtre Lyrique.

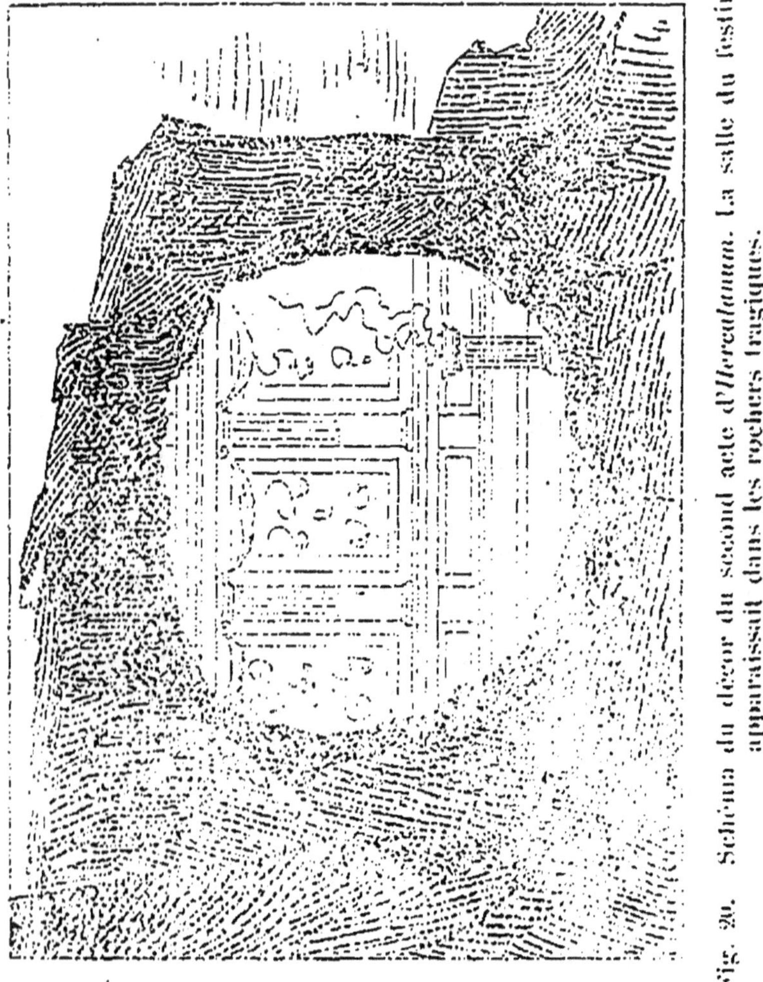

Fig. 20. — Schéma du décor du second acte d'*Herculanum*. La salle du festin apparaissait dans les rochers tragiques.

Des décors essentiellement pittoresques ? Ne l'était-il pas celui du 2ᵉ acte d'*Haydée*, dû à

Cicéri, et qui représentait le pont d'un navire, avec ses voiles, ses cordages, ses canons, ses mâts, etc. ?

Une grotte ? Elle était admirable celle imaginée par Cambon et Thierry au théâtre Lyrique, pour les représentations de Pauline Viardot, dans *Orphée*.

Encore, n'était-ce point un vrai dessin de Piranèse, le décor peint par Nolau et Rubé pour le 2e acte de la *Reine de Pique*, au théâtre de l'Opéra-Comique ? Tableau pittoresque, varié, enchevêtrement de poutres et de rocs, sous lequel circulait toute une foule.

Au même théâtre, Despléchin aussi avait su émouvoir avec son décor du 2e acte du *Pardon de Ploërmel*. Et, certes, il faudrait citer beaucoup d'autres œuvres si l'on voulait donner un résumé de l'art du décor aux soirs d'hier.

Plus près de nous, Chaperon, Jambon, aujourd'hui disparus, avaient été, eux aussi, de remarquables peintres.

Jambon fut le décorateur attitré des grandes représentations qu'organise annuellement, à Béziers, M. Castelbon de Beauxhostes. On se souvient encore des merveilleux ensembles de *Déjanire*, de *Prométhée*, etc.

On voit que les peintres-décorateurs d'aujourd'hui ont eu de célèbres prédécesseurs.

CHAPITRE XI

Quelques peintres-décorateurs actuels

———

Ils sont une bonne douzaine qui exécutent tous les décors que notre goût de la mise en scène veut de plus en plus séduisants.

Le plus célèbre est sans contredit M. Lucien Jusseaume, dont j'aurai le plus vif plaisir à examiner les œuvres quand je parlerai des mises en scène du théâtre de l'Opéra-Comique et du théâtre de l'Odéon.

Après ce maître, il convient de citer MM. Amable et Cioccari : Paquereau, Bailly, Ronsin, Lemonnier, Émile Chaperon, Bertin, Chambouleron et Mignard, Maréchal, Bertin et Ménessier.

M. Amable est un producteur fécond. On ne compte plus les belles décorations qu'il a réalisées dans tous les théâtres de Paris.

On peut, peut-être, reprocher à M. Paquereau d'être un peu confus, de ne pas préciser assez nettement le « caractère » de ses décors.

M. Bailly a le goût très vif des grandes décorations qui « élargissent » la scène.

MM. Chambouleron et Mignard, à l'aise même sur de petites scènes, réalisent des fantaisies très pittoresques. Se souvient-on de leur

1er tableau de *Chand d'habits*, la pantomime de Catulle Mendès ?

M. Ménessier est une des gloires du Music-hall. La « machinerie » ne le gêne nullement. Ses décors se prêtent à toutes les exigences d'une mise en scène souvent abracadabrante.

M. Ronsin présente des maquettes très calmes, très étudiées.

M. Maréchal fournit des décors pour le théâtre Cluny. Ils ont un aspect très gai. Ces décors doivent, en effet, s'harmoniser avec la folie des « répliques » qui secouent quelquefois toute la petite scène qui connut, jadis, beaucoup de soirées très joyeuses.

D'ailleurs, je m'empresse de le dire, tous ces peintres-décorateurs ne sont pas exclusivement attachés à un théâtre déterminé. Ils exécutent çà et là des décorations ; ils sont plus ou moins redemandés par tel ou tel directeur.

Dans l'ensemble des décors actuellement exécutés, on peut noter la recherche d'une fantaisie, d'une variété peut-être plus minutieuses qu'aux soirs passés. Il est certain qu'on s'en tient moins aux « redites » et que l'on cherche souvent un effet nouveau.

A proprement parler, cependant, on n'a pas inventé depuis trente ans une chose considérable en matière de décors, mais l'éclairage par l'électricité, employé maintenant en tous les théâtres, a fait changer la manière même de peindre les décors, a obligé à chercher plus

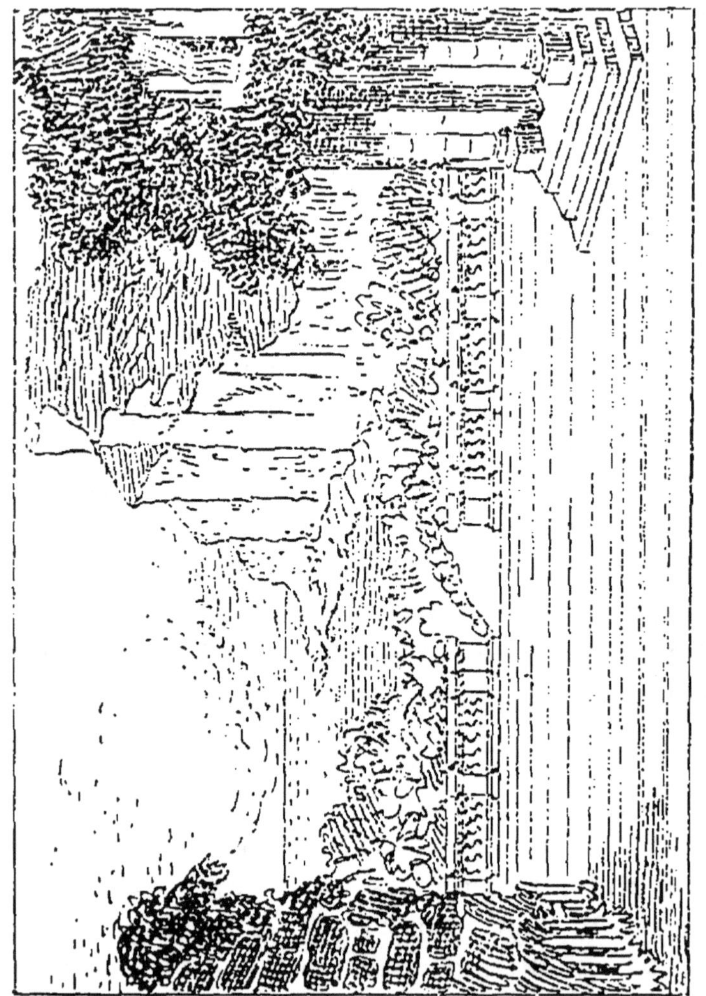

Fig. 21. — Un type de décor très simple.

de « détails dans la masse », pour parler en
argot de peintre.

Cela est-il un bien ou est-ce un mal ? La question n'a pas encore été résolue de manière à contenter tous les spectateurs.

Toutefois l'on peut dire que si des décors compliqués sont utiles, nécessaires même, pour les grandes féeries que l'on joue habituellement sur la vaste scène du théâtre du Châtelet, il ne saurait être besoin d'un tel décor pour une pièce intime, psychologique, qui réclame, au contraire, la mise en scène la plus simple et la plus précise.

CHAPITRE XII

Les grands décors à l'Opéra

—

Ici, il faut « meubler » la vaste scène, la rendre solennelle, compliquée, touffue, très souvent même « chaotique ». S'agit-il d'un palais ? Il faut le faire immense, haut comme une nef de cathédrale, le charger d'or et de richesses ornementales pour que l'on ait d'un seul coup d'œil l'idée de richesse, de puissance.

S'agit-il d'une forêt ? Elle devra être profonde, mystérieuse, présenter des arbres séculaires, des amoncellements de rocs, des fourrés inextricables.

Et le peintre-décorateur cette fois peut « faire grand ». On machinera son décor, on le rendra praticable, on le traversera en tous sens ; il devra avoir les plans les plus divers, donner l'idée de l'infini.

Disons-le : les décors présentés sur la scène de l'Académie nationale de musique ne répondent pas toujours, hélas ! à ce titre pompeux.

Si, au cours de ces dernières années, on a vu à l'Opéra, avec plaisir, certains décors vraiment louables, beaucoup d'autres, en revanche, ont été pauvrement exécutés : et, pour un œil exercé, la contrefaçon de la Beauté est une chose odieuse et qui gâte une grande partie du plaisir que l'on a à écouter une noble partition.

Tout le répertoire, par exemple, qui s'éternise lui aussi, d'ailleurs, inconsidérément, affirment les jeunes musiciens, est toujours ressassé dans les mêmes décors à jamais immuables. Nous savons bien, certes, que les décors de cette importance coûtent cher, et une entreprise artistique, telle que l'Académie nationale de musique, qui a beaucoup de peine à « joindre les deux bouts », ne peut guère se donner le luxe de renouveler de temps en temps ses décors, c'est entendu ; mais, ne pourrait-on pas les repeindre en partie, relever çà et là, de tons vifs, avec adresse, des ornementations et des frises ?

Et que de fautes de goût sont souvent commises ! Il est admis, certes, que l'on ne va à l'Opéra que pour entendre de la musique et des chanteurs, auxquels on ne demande même pas de « jouer ». Ils s'approchent du trou du souffleur et ils chantent. Mais ne pourrait-on pas en toute justice exiger davantage ?

Les grands opéras de Richard Wagner, les œuvres de Reyer et de Camille Saint-Saëns ne sont pas, il faut le dire, dans le cadre qui leur conviendrait. Sans doute, la musique est la musique ; mais nous voulons des décors moins sommaires et des « machineries » moins rudimentaires.

Nous allons voir qu'au théâtre de l'Opéra-Comique il en va tout autrement.

CHAPITRE XIII

Les décors à l'Opéra-Comique

—

Au théâtre de l'Opéra-Comique, les décors sont toujours
du plus grand effet artistique.

Ici, M. Lucien Jusseaume, admirable peintre-
décorateur a trouvé en M. Albert Carré, le
directeur, un excellent collaborateur.

Toutes les œuvres que M. Carré, a depuis
tant d'années, mises en scène ont été des
triomphes pour M. Lucien Jusseaume.

Les décors peints sous la direction de ce
Maître sont de véritables œuvres d'art. C'est,
chaque fois, un « coin de nature » dans son
apothéose.

Quand le rideau se lève sur un décor de
M. Jusseaume, des applaudissements éclatent.
Voilà un cadre merveilleux, toujours, pour une
mise en scène très étudiée et qui sera parfaite.

Quelle admirable composition ! quel emploi
de toutes les ressources décoratives ! Quelle
entente du site et quelle merveilleuse harmonie
de couleurs !

Vous, les connaisseurs, rappelez-vous tous
les grands succès de l'Opéra-Comique dans
ces années-ci. Quel émoi, par exemple, quand
le rideau se leva, dans *Louise*, sur Paris, au soir
du 14 juillet. Quelle splendeur émouvante et

sans artifice de la beauté transposée toute lumineuse sur la toile.

Rappelez-vous *Pelléas et Mélisande*, *Aphrodite*, *Miarka*, *La vie de bohème*, etc.

M. Lucien Jusseaume est, incontestablement, dans la vie théâtrale, une sorte « d'enfant chéri de la victoire ».

Je le répète, citer des décors célèbres de ce peintre, ce serait noter au jour le jour l'histoire d'une des plus belles réussites d'art, au théâtre. Revoyez, en exemple, encore, son décor du prologue de *Grisélidis* !

On appelle souvent M. Lucien Jusseaume le peintre des clairs de lune. Cela l'irrite un peu. Cela l'irrite, parce qu'il a exécuté *vraiment* d'admirables clairs de lune : mais il ne veut pas qu'on le spécialise.

Et il a raison, car il a brossé d'autres décors, de nombreux décors où il n'y a pas de lune du tout, mais des soleils triomphants, des nuages chargés d'encre, de fulgurantes clartés d'orage.

Tout de même, je sais bien, quoi qu'il fasse et quoi qu'il dise, il demeure, dans l'esprit de presque tous les connaisseurs, le peintre des clairs de lune.

C'est sous ce vocable qu'il entrera au Panthéon des décorateurs.

Quand il apporte ses décors prestigieux à M. Albert Carré, on sait le parti non moins merveilleux qu'en tire ce directeur, qui est un metteur en scène incomparable.

CHAPITRE XIV

Les mises en scène de M. André Antoine

—

Assurément, M. André Antoine, quand il fut directeur du théâtre de l'Odéon, a opéré dans l'art dramatique de véritables « petites révolutions » successives. Il ne faut certes pas lui attribuer tout le mérite de la mise au point actuelle. Got, Montigny, un célèbre directeur du théâtre de Gymnase, vers 1853, furent les premiers qui renversèrent définitivement des traditions surannées. Perrin lui-même, l'ancien administrateur général de la Comédie-Française, se montra nettement révolutionnaire en mettant à la scène l'*Ami Fritz*. Le buffet était un véritable buffet alsacien garni de ses vieilles faïences ; une vraie soupe fumait sur la nappe blanche à broderies rouges ; de l'eau coulait vraiment de la fontaine, et il y avait un cerisier avec de vraies cerises que Mlle Reichenberg, grimpée sur une échelle, faisait tomber dans les mains de Febvre.

Ce qu'il convient donc plutôt d'admirer en M. Antoine, c'est son souci constant de jouer avec le plus de vérité possible. Dès les temps héroïques du Théâtre-Libre, ce fut sa principale préoccupation. On se souvient encore, par exemple, de cette pièce où l'action se déroulait dans une boucherie. On vit alors exposés sur l'étal et pendus aux crocs des quartiers de mouton, tandis qu'un bœuf entier était accroché au milieu de la scène. Le mieux, cette fois-là, fut encore l'ennemi du bien : l'odeur fade qui se répandit dans la salle indisposa vraiment et l'art dramatique n'eut rien à voir dans cette exhibition de chairs sanglantes.

Du reste, M. Antoine sentit mieux que personne qu'il y avait une juste mesure à observer. Il nous fit admirer depuis des mises en scène parfaites, tourmentant acteurs, peintre-décorateur et accessoiriste, jusqu'à obtenir le maximum d'effet, sans retomber dans les excès du début.

Enumérer ses prouesses, ce serait refaire toute une histoire de l'art dramatique au cours de ces vingt dernières années.

Par exemple, je cite la représentation de *La Terre*, d'après le roman d'Emile Zola. Avec quelle vérité, quelle recherche des détails caractéristiques, cette œuvre fut présentée. On était vraiment dans l'atmosphère d'une ferme et en pleine vie brutale des champs. Ici, elles n'étaient pas de trop, les poules qui venaient picorer pendant les âpres conciliabules des acteurs.

Et *Les Tisserands* ? La manœuvre de ces foules hurlantes, frénétiques ! Et l'intimité rude de *Poil de Carotte*, et *Les gaîtés de l'Escadron* ; et tant d'autres, tant d'autres œuvres !

Mais où M. Antoine devait encore nous étonner, nous ravir, c'est en nous offrant les admirables décors de M. Lucien Jusseaume pour *Le roi Lear*, pour *Jules César*.

Cette fois l'art et la science du peintre-décorateur montèrent en pleine apothéose.

On applaudit longuement quand on aperçut la lande, le vieux château sans âge du roi Lear ; et ce fut, quelques mois plus tard, un enthousiasme passionné quand le rideau, cette fois nous étions à l'Odéon, se leva sur le jardin de Brutus, sur le décor du Sénat, sur la mort de César.

Seul, M. Albert Carré, le directeur du théâtre de l'Opéra-Comique, avait pu égaler de telles merveilles de décoration théâtrale : mais on sait que c'est encore M. Lucien Jusseaume qui en est le principal artisan.

Certes, M. Antoine nous a donné maintenant à tous le goût très vif des beaux ensembles. Nous ne pouvons plus nous contenter maintenant des décors trop sommaires, des accessoires trop rudimentaires. Il nous faut de la vraie mise en scène, très vivante, très complète.

Quelques esprits déplorent ce prétexte à de lourdes « avances ». Il est certain que les frais atteignent des sommes à peine croyables, même si l'on tient compte de toutes les dépenses

d'éclairage, de décors, de costumes, de machinerie, d'accessoires, etc.

Donnons, en passant, quelques chiffres : *La
dame de Monsoreau*, à l'Opéra, coûta 320.000 fr.;
Orphée aux Enfers, à la Gaîté, 340.000 ; *Les
mille et une nuits*, au Châtelet, 450.000 ;
Théodora, à la Porte-Saint-Martin, 280.000 ;
Patrie, à la Comédie-Française, 112.000.

CHAPITRE XV

Les mises en scène de M. Guitry

—

Ce que furent les décorations scéniques sous la direction de M. Lucien Guitry.

Pendant tout le temps que l'excellent comédien Lucien Guitry dirigea le théâtre de la Renaissance, les mises en scène furent très soignées. Il y avait un grand confort bourgeois et mondain. Les pièces qu'il représenta ne prêtaient guère à des mises en scène très originales et très inattendues ; mais par le détail, par le choix des accessoires habilement disposés, M. Guitry obtint souvent des décorations scéniques très louables.

Sans doute les raffinés n'y trouvaient point leur compte, mais les pièces représentées, encore une fois, ne réclamaient point autre chose qu'une « honnête » décoration de tapissier bien achalandé.

Et M. Lucien Guitry, obligé souvent de jouer des pièces qu'il n'aimait pas, ne laissait point voir sa mauvaise humeur, tant il présentait habilement des décors cent fois usés par les pièces des Dumas fils, des Legouvé ou des Scribe.

En montant *Le Mannequin d'osier*, il montra
son véritable talent de metteur en scène. Ses
décors furent cette fois vraiment les « cadres »
qui convenaient à cette pièce littéraire que le
public, naturellement, ne comprit point.

CHAPITRE XVI

Diverses mises en scène

—

Les théâtres de la Comédie-Française, du Vaudeville, du Gymnase, des Variétés, de la Porte-Saint-Martin, de l'Athénée, de l'Ambigu, etc., offrent des mises en scène honorables.

Il est incontestable que les théâtres ci-dessus nommés demandent aux peintres-décorateurs des décors intéressants. Actuellement, le goût de la mise en scène ne décroît pas, loin de là. On ne réalise pas toujours des choses neuves, mais on s'ingénie à plaire au public dès le lever du rideau. M.M. Antoine et Albert Carré, les directeurs-artistes, obligent à quelque effort les autres directeurs, c'est certain.

Il y a même pour chaque théâtre des décorations-types, une sorte de style que les connaisseurs savent distinguer. Si cela n'était pas dépasser les limites qui doivent être réservées à ces courts chapitres de vue générale, il serait on ne peut plus facile de cataloguer les décors pour chaque théâtre et de montrer que le peintre-décorateur varie d'une façon sensible sa « manière », selon le théâtre pour lequel il a à exécuter des décors. Tout d'abord, cela paraît être une chose très évidente, et cepen-

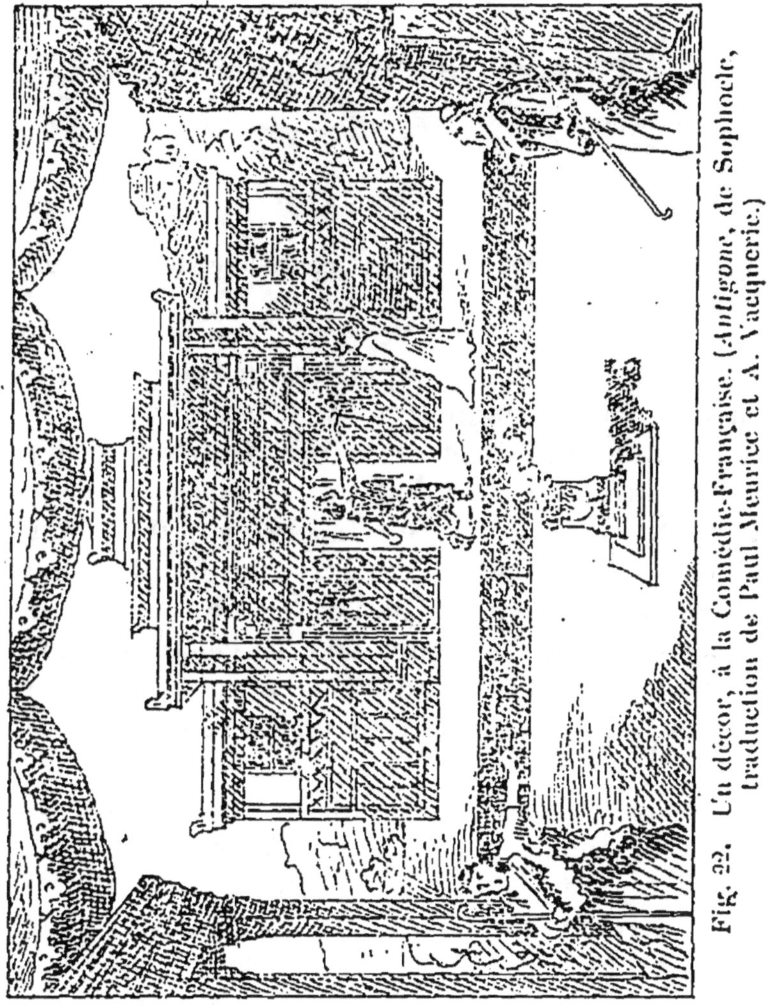

Fig. 22. Un décor, à la Comédie-Française. (Antigone, de Sophocle, traduction de Paul Meurice et A. Vacquerie.)

dant c'est une chose qui ne devient manifeste que pour un œil exercé.

CHAPITRE XVII

Théâtre du Grand-Guignol

—

Sur la petite scène du théâtre du Grand-Guignol. M. Max Maurey a eu de véritables succès de mises en scène.

Très à l'étroit sur sa petite scène, quasi d'un théâtre de marionnettes, M. Max Maurey, le directeur, aidé souvent de Maurice Proust, décorateur, a su nous montrer des mises en scène très extraordinaires, en faisant « jouer » les châssis de ses décors, en les combinant d'une façon très souvent originale. Quand on connaît l'étroitesse de la scène, on est véritablement surpris. M. Max Maurey a une science du « trompe-l'œil » parfaitement exercée. En passant, qu'il me soit permis aussi de rendre justice à ses bruits de coulisse qui sont légendaires et réglés, en effet, d'une façon étonnante. Je cite avec plaisir ce petit théâtre dirigé actuellement par M. Choisy où l'on a joué tant d'œuvres fortes et originales, et qui n'a pas, cependant, des dimensions plus grandes que celles d'un simple théâtre d'amateur installé dans une salle de château.

CHAPITRE XVIII

L'atelier du peintre-décorateur

—

Aspect d'ensemble d'un atelier de peintre-décorateur. — Le métier est rude. — Belleville reste le quartier général des peintres-décorateurs.

Un atelier, une halle plutôt, immense et haute comme une nef de cathédrale ; sur le parquet, des hommes qui vont et qui viennent, presque de Lilliput, à coup sûr comme perdus, tels des moissonneurs sur la plaine-rase ; une abondante lumière éclairant des encombrements de châssis et de toiles ; l'odeur générale de colle de la peinture à la détrempe ; sur des tables, des maquettes de décors ; aux murs, des esquisses : c'est l'atelier d'un peintre-décorateur.

S'il y avait des virages, on croirait voir un petit vélodrome de quartier, vélodrome couvert, où tout à l'heure, une foule pourrait s'entasser, circuler, à l'aise.

Et cette halle telle quelle ne suffit pourtant point. Il faut encore trouver de la place pour un atelier de menuiserie, pour le fourneau destiné à la préparation des couleurs, pour les baquets de colle, pour les vases ou camions destinés à contenir les couleurs, pour les brosses et les balais à peindre, enfin pour tous les accessoires, aussi nombreux qu'encombrants, qui composent le fonds d'un outillage de peintre-décorateur.

Dans ces conditions, il ne peut être question de débusquer le local convenable dans le centre de Paris. La place y fait généralement défaut, et le loyer d'un tel atelier y serait, bien entendu, excessif.

Pour ces deux raisons, Belleville, quartier de campagne ou de ville de province, est, depuis longtemps, le quartier élu des peintres-décorateurs. On y trouve, en effet, place suffisante et loyers d'un prix modéré. Pour une troisième raison, les « ancêtres » des décorateurs actuels y avaient déjà choisi domicile au temps où la plupart des théâtres s'ouvraient, porte à porte, au boulevard du Temple ; — au temps où cabriolaient le cirque Olympique et le cirque d'Été ; où frémissait l'Ambigu-Comique ; où Gaspard Debureau, Pierrot espiègle et tragique, mimait aux Funambules, tandis que sautillait le petit Lazari ; les peintres-décorateurs d'alors n'avaient qu'à descendre le faubourg du Temple, et ils arrivaient tout droit avec leurs décors en chariot, aux portes de leurs théâtres.

Aujourd'hui, les théâtres se sont dispersés ; mais la « tradition du quartier » est conservée : les décorateurs sont toujours installés à Belleville. Ils occupent là les très vieux, les vastes

ateliers où l'on a déjà fait je ne sais combien
de « palais », de « places publiques » et de
« forêts ». Le parquet de ces ateliers est lui-
même bariolé comme une palette ; il est im-
prégné de couleurs et de colle. Il raconte à sa
manière toute l'histoire dramatique qui fut
dessinée et peinte sur lui ; il note les succès et
aussi les insuccès : c'est sur lui que s'édifia la
gloire des féeries, grandes mangeuses de décors ;
c'est sur lui que toute la Nature fut à peu près
représentée avec ses lacs, ses forêts, ses cas-
cades et ses monts.

C'est une dure profession que celle de peintre-
décorateur. Il faut être singulièrement résistant
pour entreprendre ce métier, qui vous expose
à toutes les intempéries, au froid surtout, car
il n'y a pas moyen de chauffer suffisamment,
quand il le faudrait, ces nefs où la bise pénètre
par tous les vitrages. Mais, par exemple, ceux
qui résistent sont « trempés » pour longtemps :
beaucoup de décorateurs sont morts presque
centenaires.

CHAPITRE XIX

Le théâtre en plein air

—

Le théâtre en plein air. — L'antiquité et le Moyen âge.
— *La Passion* à Oberammergau. — Les temps présents.

Le théâtre en plein air que l'on s'efforce de ressusciter partout en France, dès que vient l'été, a ses origines, comme on l'a vu, dans l'Antiquité et au Moyen âge. Alors, il n'y avait pas d'autres représentations théâtrales que devant des gradins sis à l'air libre et où s'entassaient des milliers de spectateurs.

On a lu encore que ce n'était pas là du tout un obstacle à présenter d'admirables mises en scène dans des décors parfaitement échafaudés, ainsi qu'on les édifiait au xve siècle, ou quasi à demeure, tels qu'on les voyait à Athènes.

En France, ce renouveau du théâtre en plein air est presque de notre temps. A bien dire, il ne fleurit même que depuis quelques années.

Dans d'autres pays, à Oberammergau, par exemple, depuis longtemps, au contraire, on garde cette tradition des Mystères du Moyen âge. C'est dans ce canton des Alpes bavaroises que, depuis près de trois siècles, on représente,

avec un grand éclat, le célèbre *Mystère de la
Passion*.

L'origine de ces représentations remonte
exactement à l'année 1634, au moment de la
guerre de Trente ans. L'armée suédoise de
Gustave Adolphe, victorieuse, avait ravagé la
contrée. Après les malheurs de la guerre, sur-
vint une peste qui décima le tiers des habitants.
Les survivants prêtèrent alors le serment de
représenter, une fois tous les dix ans, la Passion
du Sauveur, si la contagion cessait. Souvent,
« éloigné le péril, oublié le serment ! ». Il n'en
fut point de même à Oberammergau où, dès
l'année 1634, on donna la première représentation en plein air, sur un terrain avoisinant
l'église. Depuis, les représentations se succé-
dèrent à des intervalles réguliers.

Au commencement, le théâtre était à ciel
ouvert et il continuait ainsi la véritable tradition des Mystères du Moyen âge. D'ailleurs, le
village d'Oberammergau ne se prête-t-il pas à
ce spectacle pieux avec son joli site, avec ses
petites maisons pavoisées d'une croix et ornées
de peintures religieuses ? C'est assurément un
louable décor, poétique et sacré. Et, ainsi qu'au
Moyen âge, les nombreux acteurs et les figu-
rants sont encore des ouvriers du pays, de ces
artisans qui sculptent des figures de saints et
des objets de piété qu'on vend dans toutes
les villes de l'Allemagne.

Mais aujourd'hui, toutefois, on a remplacé le

théâtre à ciel ouvert par un vaste édifice construit en fer et en briques. La salle peut contenir plus de 4.000 places. Les montagnards sont toujours des spectateurs assidus et de nombreux étrangers viennent se joindre à eux.

Les tableaux successifs représentent toute l'histoire douloureuse du Christ : l'entrée à Jérusalem, l'arrestation, la comparution devant Pilate, la prière au mont des Oliviers, la flagellation, la mise en croix, puis enfin la résurrection, véritable apothéose.

Le Mystère qui se compose de trois parties et de dix-sept actes, commence à huit heures du matin et ne se termine qu'à cinq heures et demie, après un entr'acte à midi.

On commence à distribuer les rôles dès la fin du mois de décembre et, pendant six mois environ, on répète. Mais le rôle le plus écrasant est sans contredit celui du Christ. Il faut à l'artisan chargé de ce rôle une résistance exceptionnelle. Cet interprète est toujours désigné par le suffrage de tous les habitants du village.

Mais, il faut le dire, cette sorte d'*ex-voto* théâtral a déjà perdu son caractère profondément religieux. Le succès de ces représentations a été tel, en l'année 1900, par exemple, où il y eut de mai à septembre 28 représentations ! (il n'est plus question maintenant des seules représentations à dix ans d'intervalle) que le mercantilisme s'est ardemment emparé de « cette affaire » et a « fait produire », cette même année 1900, plus de 1.450.000 francs. Et comme l'on continue maintenant dans cette voie, le mystère d'Oberammergau aura bientôt perdu tout son attrait. Déjà le village ne vit plus que pour exploiter les spectateurs.

Il est vrai que la mise en scène est soignée. Les costumes sont parfaitement dessinés et les décors sont émouvants. Le prétoire de Pilate, le palais de Caïphe, la scène où saint Pierre renie Jésus pour la seconde fois, Jésus comparaissant devant Pilate, la Résurrection, etc., sont autant de très beaux ensembles d'un grand style.

En France, il faut remonter à une trentaine d'années pour retrouver la première idée — reprise — du théâtre en plein air. Je crois bien qu'un des tout premiers artisans de cette résurrection est M. Maurice Pottecher, qui fonda le Théâtre du Peuple, à Bussang, dans les Vosges, et où il représenta des « Moralités » et des « Farces » populaires, continuant ainsi, à son tour, la véritable tradition du Moyen âge.

Ce Théâtre du Peuple est situé tout à fait en plein air, dans une prairie, adossé à une montagne et dans un site très pittoresque. M. Pottecher y donne des spectacles tous les ans. Les œuvres représentées sont toujours d'intérêt local, bien qu'elles soient souvent d'un vif essor dramatique.

Çà et là, toujours en France, il y a beaucoup d'autres théâtres en plein air où l'on utilise ainsi les véritables décors que donne la nature.

Il y a, par exemple, la *Tragédie de Sainte-Reine*, jouée à Alise, à l'occasion de la fête de cette sainte ; on cite les représentations comiques de Puisserguier dans le Languedoc ; celles que donnent à Pompadour les félibres du Périgord et du Limousin : il y a le théâtre en patois de Chef-Boutonne, dans le Poitou ; les *Pastorales* du pays basque ; il y a les *Mystères* que jouent les paysans du Roussillon, etc. ; et ensuite, entre cent autres encore, les véritables pièces par exemple que M. le docteur Pierre Corneille représente avec le plus vif succès à la Mothe-Saint-Héraye, dans le département des Deux-Sèvres.

Dans cette dernière petite ville, c'est toujours la nature qui fournit le décor ; un décor souvent merveilleusement approprié comme le fut celui qui servit de cadre à *Erinna*, tragédie mettant en scène la lutte de la Gaule contre César.

Près de Paris, à Champigny-la-Bataille, se trouve encore le Théâtre de la Nature, fondé par M. Albert Darmont. Tous les ans, pendant l'été, M. Darmont représente, dans un joli décor naturel, qu'il relève quelquefois d'utiles accessoires, de véritables œuvres dramatiques, et même des pièces classiques dont l'intérêt ne perd rien à cette transposition brutale à la lumière du soleil.

Et combien d'autres de ces théâtres en plein air surgissent un peu partout dès qu'apparais-

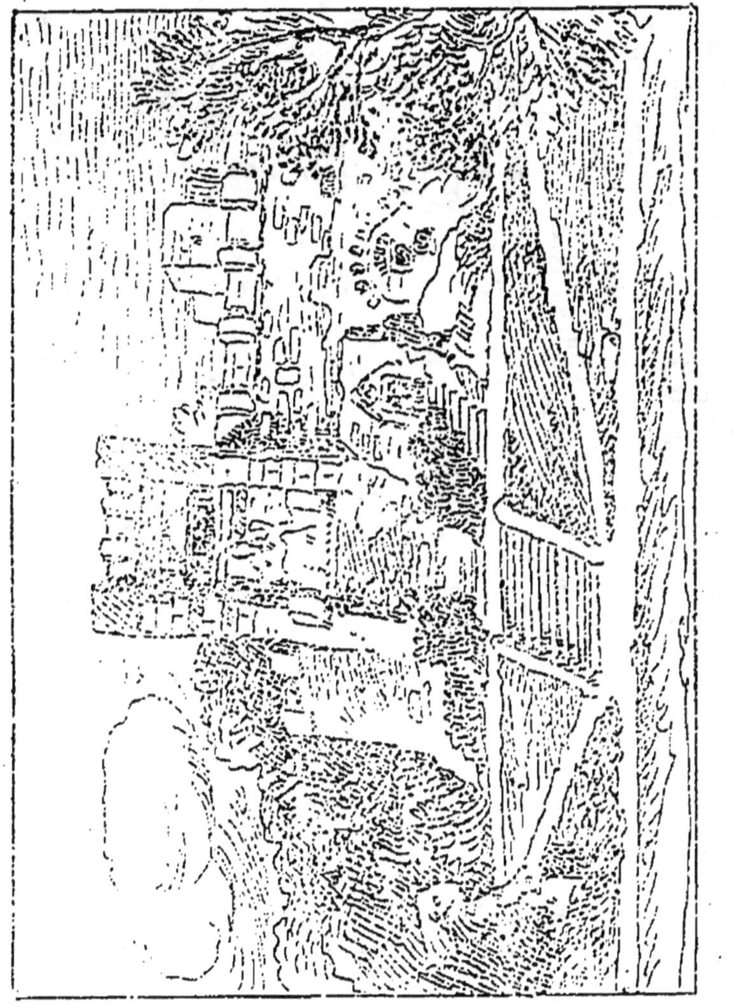

Fig. 23. Décor de Sémiramis, au théâtre de Champigny-la-Bataille.

sent les beaux jours. Pas de petit pays maintenant qui n'ait son théâtre des champs où l'on

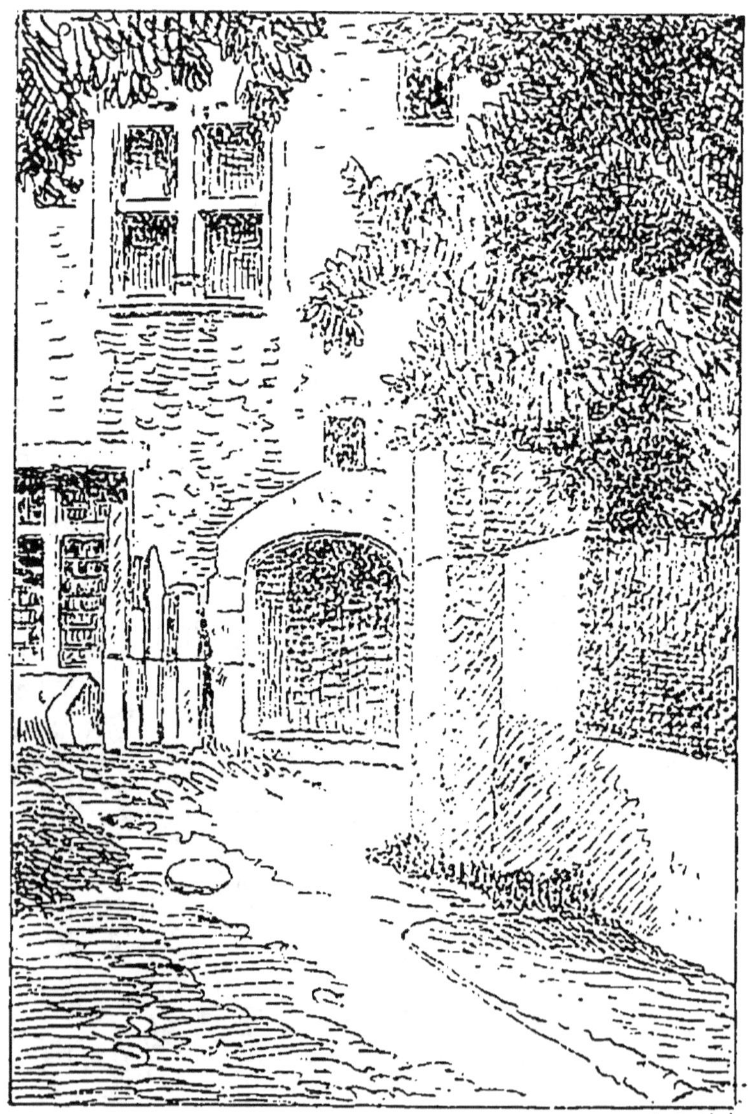

Fig. 24. Un paysage naturel qui peut servir de décor.

Peintre-Décorateur. 7

jouera même au besoin des opéras-comiques

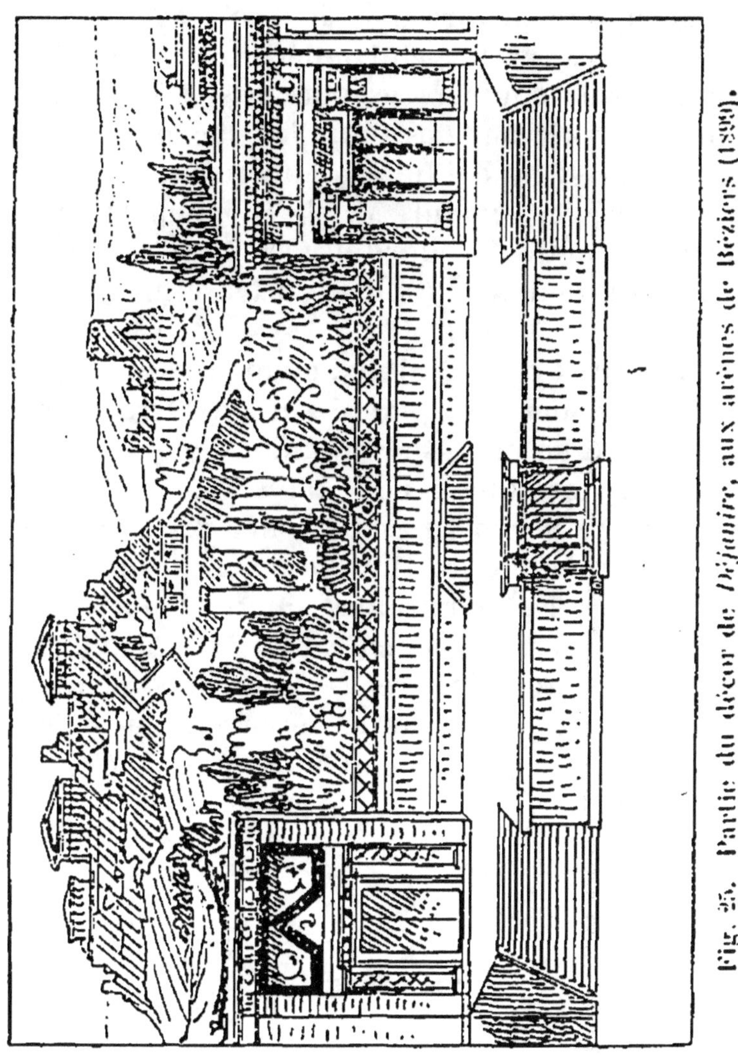

Fig. 25. — Partie du décor de *Déjanire*, aux arènes de Béziers (1899).

uniquement dans des décors et avec des accessoires entièrement naturels.

D'autres fois, au contraire, on utilisera en partie le site pittoresque, la vraie colline, les vrais arbres, et le peintre-décorateur viendra par surcroît équiper ses portants, ses châssis qui représenteront des tourelles, des murailles, des herses, comme il fut fait encore à La Mothe-Saint-Héraye, quand M. le docteur Pierre Corneille, toujours pour faire revivre le théâtre populaire, donna une pièce curieuse intitulée : *Au temps de Charles VII.*

Le décor se composait exactement d'un vieux château féodal qui, planté sur un terre-plein, au milieu d'un parc, se combinait de la manière la plus pittoresque avec le paysage.

Enfin, je ne dois pas terminer cette rapide revue d'ensemble du théâtre en plein air sans mentionner les admirables œuvres musicales représentées annuellement par M. Castelbon de Beauxhostes aux arènes de Béziers, et qui, cette fois, se déroulent entièrement dans des décors équipés par le peintre-décorateur et par le charpentier.

DEUXIÈME PARTIE
LA FABRICATION DES DÉCORS

CHAPITRE XX
Les documents du peintre-décorateur

Le bagage intellectuel du peintre-décorateur. — Ce qu'il
doit savoir. — Sa bibliothèque, ses documents, ses
albums de croquis. — Il doit être un grand voyageur.

Il n'est pas une profession plus intéressante
que celle de peintre-décorateur. Bien entendu,
je vise l'artiste à qui l'on confie de grandes
mises en scène. Celui-ci doit connaître parfaitement, s'il ne veut pas perdre son temps en
tâtonnements, l'histoire de tous les styles.
Costumes, meubles, armures, etc., il faut que
tout l'intéresse au même titre que l'Architecture proprement dite. Il portera en son cer-
veau une aptitude singulière à saisir l'aspect
caractéristique des choses en quelque lieu que
ce soit. Dans un Musée, il verra les « aspects »
essentiels des tableaux, des sculptures et des
architectures ; devant la Nature, instantanément, il imaginera le « décor à faire » ; et s'il

craint que sa mémoire plus tard ne le trahisse,
il notera ces lignes précises, ces silhouettes
pittoresques qui donnent le style.

Sa bibliothèque sera un vaste recueil *d'images*.

S'il est un frénétique « liseur », tout sera pour
le mieux. Chez les nobles artistes de lettres, il
nourrira son goût des « cadres héroïques », des
apothéoses et des grands décors.

S'il veut rester un artiste louable, il devra
toujours dessiner, indiquer sur les pages d'un
album ces notes éloquentes que trace la pointe
d'un crayon exercé. C'est là qu'il puisera le
meilleur de son émotion quand on lui demandera d'interpréter un acte nettement théâtral.

En ce temps où l'action dramatique « s'épar-
pille » à bon droit en tous les pays, il faudra
qu'il soit aussi un voyageur ardent, curieux de
puiser aux sources la véritable « information »,
pour ensuite l'exprimer sur la toile. Et que de
beaux « motifs » il emmagasinera s'il sait
regarder, observer et méditer !

S'il a vu, par exemple, au Mont-Saint-Michel,
cette maison du xv⁰ siècle, que représente la
figure 26, n'en gardera-t-il pas le souvenir pour
une action dramatique qui se déroulera aux
temps glorieux du Mont ?

Dans les Musées, au hasard de la route, ce
simple tableau de Téniers (fig. 27), *l'estaminet*,
dont les personnages ont été intentionnellement enlevés, ne constitue-t-il pas un excellent
décor rustique ?

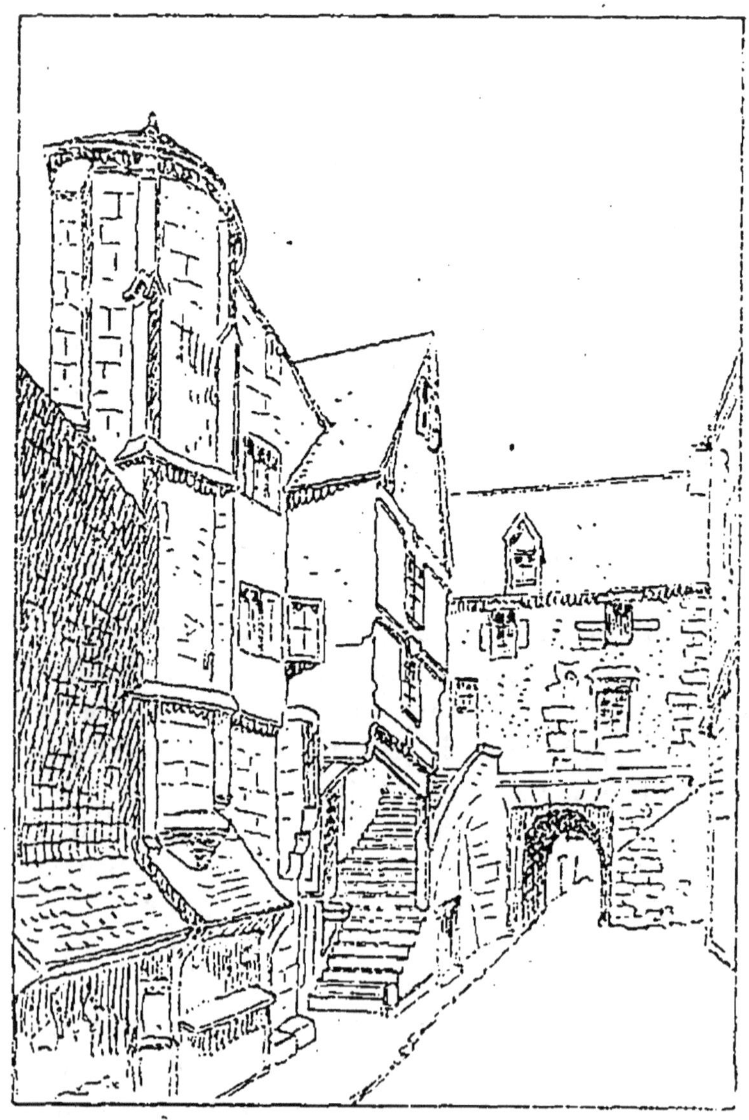

Fig. 26. Un décor architectural.
(Maison du xve siècle, au Mont-Saint-Michel.)

Enfin, dans le même ordre d'idées, si le peintre-décorateur observe partout, cette fois-

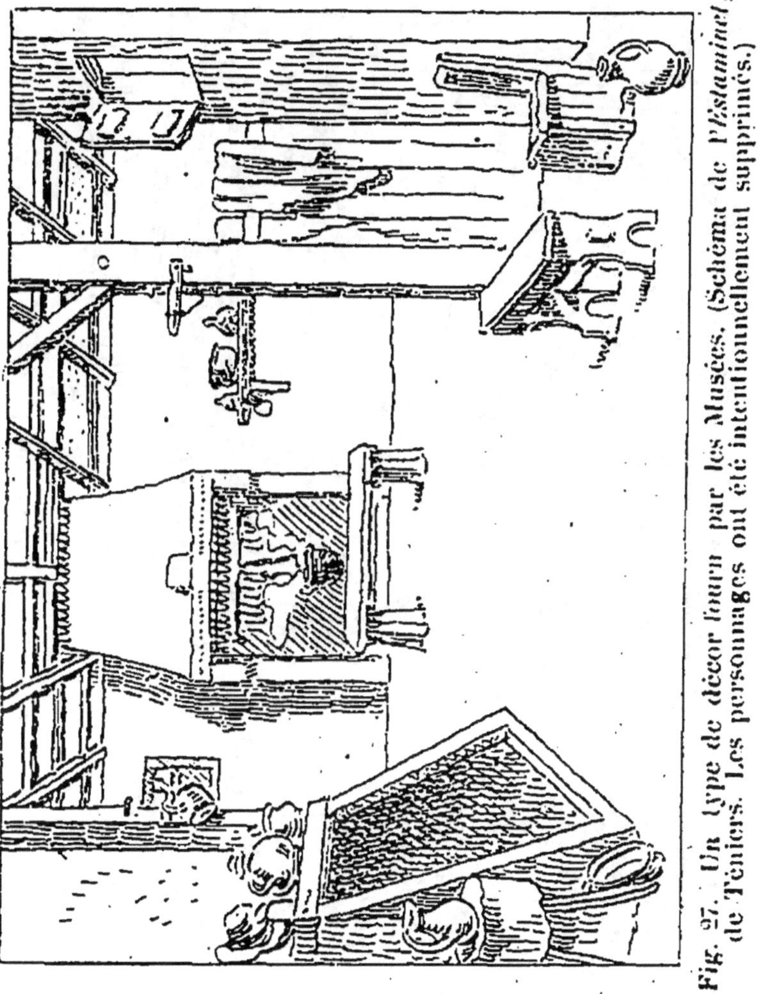

Fig. 27. — Un type de décor fourni par les Musées. (Schéma de l'*Estaminet*, de Téniers. Les personnages ont été intentionnellement supprimés.)

ci, étant en plein voyage, ne considérera-t-il pas ce tableau naturel (fig. 28) : *châtaigniers à*

Bocognano, comme un bon schéma pour un décor pittoresque ?

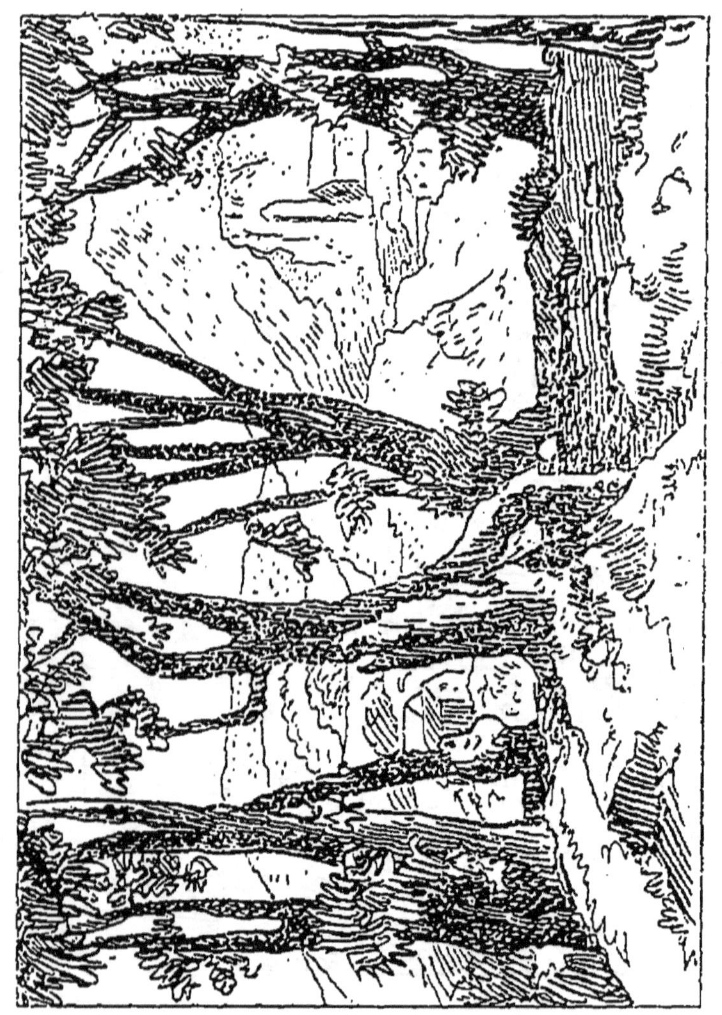

Fig. 92.   Un décor naturel. (Châtaigniers, à Bocognano, Corse.)

Certes, le décorateur qui se contente de photographies achetées au petit bonheur, se disant que ce sont là, en somme, des « renseignements exacts », celui-là ne restera jamais qu'un simple artisan.

Sans doute, il faut collectionner des photographies. Les cartes postales elles-mêmes constituent souvent des documents utiles ; mais quel piètre bagage, si le peintre-décorateur n'a pas une curiosité plus profonde.

Oui, en vérité, c'est là une profession admirable, mais il faut, pour l'illustrer, bien des ressources intellectuelles qui manquent à la plupart des peintres-décorateurs actuels. Il ne suffit pas de connaître l'art de la perspective et d' « avoir une idée, » des styles. Il faut savoir, par exemple, et tout d'abord, lire un manuscrit.

CHAPITRE XXI

La lecture du manuscrit

Ce sous-titre fera sourire bien des artisans. « Comme s'il était besoin de tant de choses que ça, diront quelques-uns. On voit l'époque où la scène se passe, le décor indiqué : salon, forêt ou auberge : et, en cinq sec, la maquette est faite. C'est plus ou moins réussi, voilà tout, on fait tout ça d'après des modèles : ils ne manquent pas ! ».

Sans doute, pour bien des pièces de théâtre, dont la médiocrité ne réclame pas tant de soins, il est certes très inutile de *lire* entièrement le manuscrit. N'importe quel *salon* (souvent même l'auteur n'a indiqué aucun style), n'importe quelle *forêt* peuvent convenir et conviennent même absolument. La banalité du décor répond à la niaiserie de la pièce, et c'est parfait. Mais il y a autre chose à faire quand l'œuvre à représenter est louable.

C'est alors que le peintre-décorateur doit lire avec attention le manuscrit, prendre des notes, devenir un véritable collaborateur, *choisir*, après maintes réflexions, le ou les décors.

Autre chose encore. Pour ce décorateur

artiste, il est bien certain qu'une *forêt*, par exemple, pour une pièce de M. Edmond Rostand, ne devra pas *être la même forêt* pour une pièce de M. Paul Gavault ; et de même s'il était question d'un *salon*, d'un *intérieur*, etc. Ces deux auteurs n'ayant pas du tout le même idéal dramatique, il est manifeste que le même décor ne peut convenir à M. Rostand et à M. Gavault. Cependant, bien des peintres-décorateurs ne se doutent pas de cette simple chose.

CHAPITRE XXII

Croquis du peintre-décorateur
et visites du directeur et de l'auteur

Quand le peintre-décorateur a soigneusement
lu le manuscrit, quand il en a saisi tout l'intérêt
(il s'agit d'une œuvre véritable), il commence à
dessiner des croquis.

Chaque décorateur les fait à sa façon, l'un se
sert d'un crayon à la mine de plomb, un autre
d'un morceau de fusain, un troisième d'un pinceau, un quatrième d'une plume, un cinquième
de crayons de pastel. Ici toute la fantaisie est
permise, et chacun dessine avec les moyens
qu'il préfère.

Voici, par exemple, un croquis de décorateur (fig. 29). Il est entièrement dessiné à la
plume. Généralement, ces sortes de croquis
sont les plus rares. Le peintre-décorateur préfère « chercher tout de suite son décor » avec un
pinceau et des couleurs à l'eau. Il a une plus
grande liberté d'exécution, et il peut broder
toute sa fantaisie sur et autour les légers traits
de crayon qu'il a indiqués pour l'*armature*.

Bien entendu, ces croquis-là visent tout de
suite à l'*effet*. Si le décorateur est avisé, il sait

que sur ses croquis vont se livrer tout à l'heure les premières escarmouches engagées par l'au-

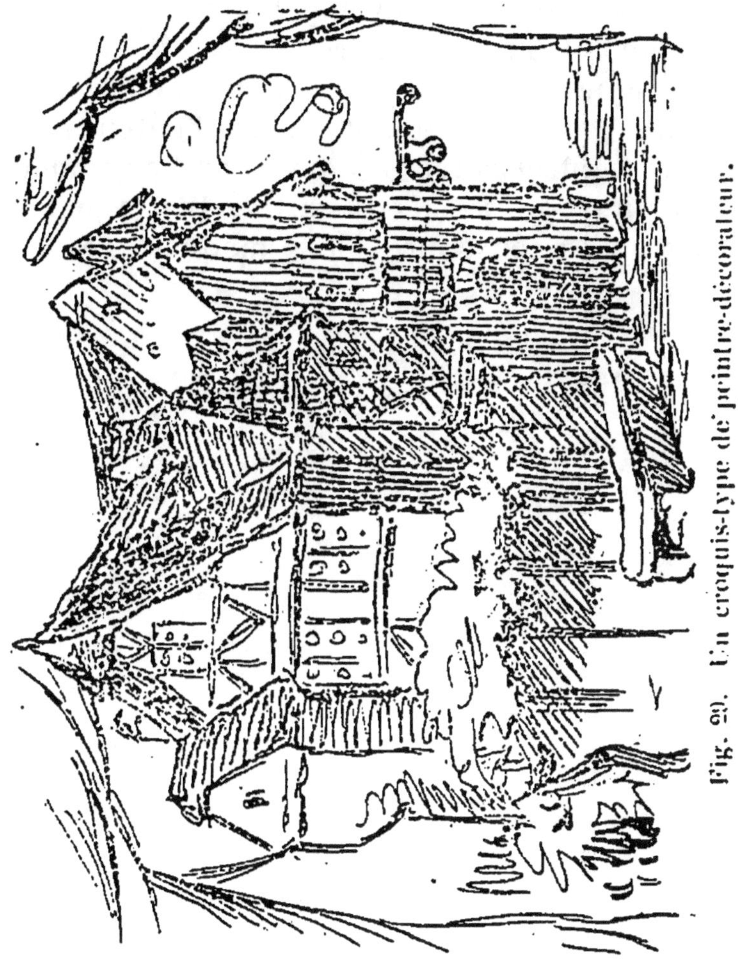

Fig. 20. — Un croquis-type de peintre-décorateur.

teur et par le directeur du théâtre ou l'on jouera la pièce en question. Il met donc dès le début tous les atouts dans son jeu. Il y a de

ces croquis de peintres-décorateurs qui constituent un vrai régal d'art avec toutes leurs
« cuisines » imprévues, mélanges de tous les
tons et de tous les moyens, dans une fantaisie
absolument extraordinaire.

Lorsque le décorateur a réuni tous ses croquis, il convie le directeur et l'auteur. On
regarde, on discute, on admire ou l'on blâme,
et, enfin, l'on se met d'accord. Il n'y a plus
alors qu'à « construire » les « maquettes ».

CHAPITRE XXIII

Les maquettes

—

Les maquettes sont ces gentils théâtres en miniature, pareils à ceux que construisent les enfants, avec des pièces découpées préalablement peintes et collées ou fixées avec des épingles sur le « sol » de la maquette.

Très justement, on fait figurer maintenant quelques maquettes dans nos Salons annuels. Il a été donné sans doute à plusieurs d'entre vous d'admirer ces petites mises en scène si parfaites, où tout est placé, à son plan, comme les parties successives d'une jolie aquarelle.

On construit ces maquettes de façon à pouvoir se rendre compte, avant tout, du décor à exécuter. Les détails en sont, ai-je dit, des petits bouts de papier fort, découpés et fixés sur un autre papier horizontal qui figure le plancher de la scène. On représente ainsi des arbres, des maisons, des rochers, enfin tout le décor en miniature ; et le tout tient dans une espèce de « boîte » ouverte par devant et ouverte par en haut, seule façon d'éclairer comme il convient tout ce petit décor.

C'est avec ses maquettes que le peintre-décorateur « organise » ses décors futurs. Il voit ainsi, à une échelle réduite, où il devra placer les différentes parties de son œuvre. Il juge de l'ensemble et il corrige ensuite. Tel arbre sera placé pour cacher la rencontre de deux plans à angle droit ; telle silhouette demandera à être plus accusée ; tel premier plan devra être plus « monté » de ton.

Chaque maquette doit être, comme un ta-

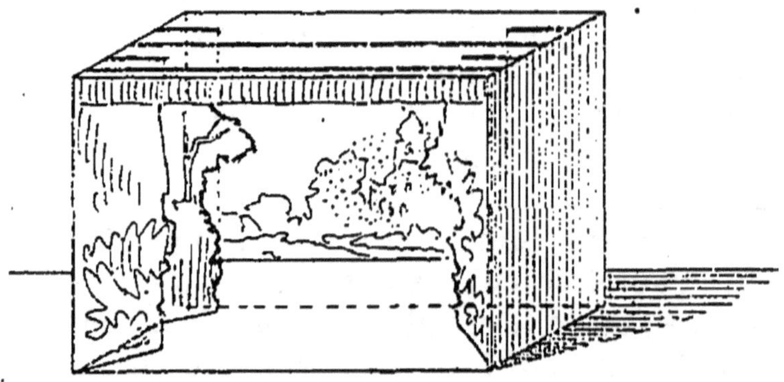

Fig. 30. Une maquette (schéma).

bleau, une œuvre personnelle. Une belle maquette révèle son auteur ; et à maquette manquée correspond souvent un décor imparfait. Rien n'est joli, au contraire, comme une maquette bien étudiée. C'est d'un grand charme, vraiment, alors, ces minuscules décors quand l'architecture, le paysage, tout est bien mis en place et composé, je le répète, comme une plaisante aquarelle faite d'abord d'ensemble et dont on aurait ensuite découpé tous les plans exactement en valeur.

C'est sur les maquettes que directeur, auteur et peintre-décorateur arrêtent les derniers conciliabules. Généralement, lesdites maquettes sont dressées à l'échelle de trois centimètres par mètre.

M. Lucien Jusseaume, que j'ai tant de plaisir à citer, établit souvent ses maquettes avec des plaques de verre (verre à vitre) de même hauteur et de même largeur, tenues perpendiculaires au sol par des boules de cire écrasées dans le bas et également écrasées dans le haut, sur une plaque de verre qui forme le plafond.

Voici la raison de ce choix : il est beaucoup plus rapide de peindre à la gouache sur les différentes feuilles de verre, constituant les plans différents, que de peindre sur du papier et de découper ensuite ce papier de façon à apercevoir d'ensemble tous les plans successifs du décor ; c'est une telle économie de temps que l'on se demande même comment il n'est pas fait un usage exclusif des maquettes en verre.

Il est vrai que les maquettes en carton offrent l'avantage, au moins pour le simple amateur, d'être peut-être plus faciles à comprendre.

Quoi qu'il en soit, le décorateur doit savoir, en établissant sa maquette, où il placera les « portants » de lumière. Je donnerai plus loin l'explication de ce terme technique. S'il ne s'inquiétait pas d'eux, le décorateur risquerait fort, tout en exécutant un beau décor, de le rendre *inéclairable*.

Il doit savoir aussi à quelle hauteur descendront ses « plafonds »; et il évitera soigneusement les « découvertes » — on appelle ainsi la vue des murs latéraux et des corridors — aux dernières loges de côté.

Comme au théâtre l'action se développe en largeur, il devra encore faire paraître la scène plus profonde qu'elle n'est en réalité, d'autant plus que l'espace fait souvent défaut dans les derniers plans où d'autres décors doivent rester « plantés ».

Toutefois, il faut user sagement des ressources que donne la perspective, pour augmenter la profondeur apparente; sinon, comme lorsqu'un acteur s'éloigne, sa taille ne diminue pas, elle se trouverait en désaccord avec la grandeur des objets représentés.

On pare à cet inconvénient de la façon suivante : la partie intérieure des décors, dont peuvent approcher les personnages, est figurée dans ses dimensions réelles, et les « fuyants » ne commencent qu'à l'endroit où la toile est inaccessible.

Comme il y a une optique particulière pour chaque théâtre, le décorateur doit pour chaque théâtre la connaître à fond; c'est ainsi seulement qu'il pourra enfreindre habilement les règles géométriques. Supposons par exemple qu'une façade continue soit représentée sur

différents « châssis », ses parties ne sembleront
concordantes qu'aux spectateurs voisins du
« point de vue ». C'est pour éviter cet inconvénient certain qu'il est de toute nécessité d'in-
terrompre, à chaque châssis, toutes les droites
fuyantes par un objet saillant tels qu'un pilas-
tre, un arbre, etc.

CHAPITRE XXIV

Les outils

—

Les outils du peintre-décorateur* : brosses, balais, règle,
porte-fusain. camions, palette, etc.

Sait-on que . jusqu'en 1825, les *rideaux*,
ébauchés sur le sol. étaient achevés debout,
dans la position qu'ils occupent sur la scène ?
De hautes et longues murailles étaient nécessaires alors pour les appuyer, et il fallait, pour
les peindre, un système très compliqué de
ponts et d'échafaudages.

Le travail à plat, sur le sol. est beaucoup
plus rapide, et, partout, il a prévalu.

Mais pour travailler aisément, sans trop
avoir à se courber vers le parquet, vers la toile
tendue, on se sert d'outils divers, tous emman-
chés au bout de bâtons de la longueur d'une
canne.

Ces outils divers, ce sont les *brosses*, les *balais*
la *règle*, le *porte-fusain*, etc.

Les *brosses* et les *balais* ne sont pas autre
chose que de gros pinceaux ronds ou rectangu-
laires, semblables à ceux des peintres en bâtiments, et que l'on manie, debout, avec une
ou avec les deux mains.

Les *balais* servent pour étaler d'abord, large-

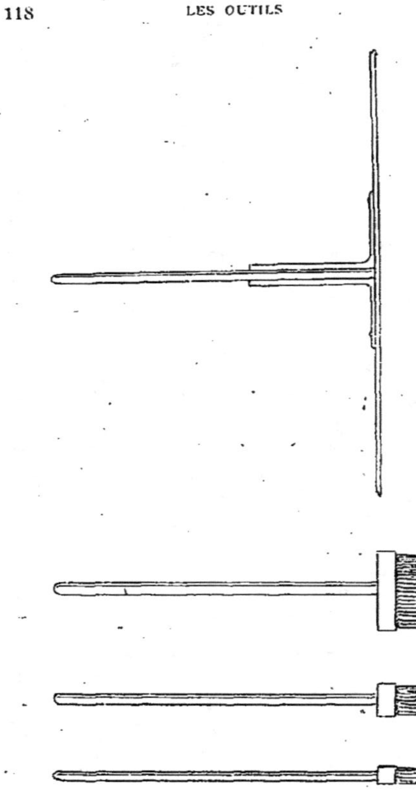

Fig. 31. — Brosses, balais et règle.

ment, les premières couches générales de peinture. On les manie de droite à gauche et de gauche à droite, alternativement, les deux mains placées l'une au-dessus de l'autre, sur le long manche tenu perpendiculairement au sol de façon à avoir plus de force pour bien étaler la couleur.

Ces *balais* prennent beaucoup de couleur à la fois ; on a donc assez vite fait en somme de couvrir, grâce à eux, une grande superficie de toile.

Les *brosses* sont des pinceaux de différentes grosseurs et de forme ronde qui servent plus spécialement pour les détails. On les manie d'une main, avec ce geste d'un promeneur qui indiquerait un point du sol avec sa canne.

C'est également une seule main qui utilise le long *porte-fusain* qui sert à agrandir l'esquisse, selon les dimensions voulues.

On appelle « traceur » l'artiste dessinateur qui emploie ce porte-fusain et la longue *règle* emmanchée dans une tige à hauteur d'appui, et qui reporte sur la toile, par la classique méthode du carré, les mesures et profils de la maquette.

La *palette* (fig. 32) est une sorte de large boîte à fond de zinc, qui permet de préparer et d'étaler des tons que l'on a puisés dans des vases de poterie commune, remplis de liquides de toutes couleurs, et qu'on appelle des *camions*.

Pour tracer des cercles de large diamètre, on

emploie très souvent le procédé connu même
des enfants : le morceau de crayon attaché au
bout d'une ficelle, à la longueur du rayon voulu,
et que l'on promène tout autour de l'autre bout
de la ficelle, fixé au centre. Pour les petits
cercles, on se sert d'un grand compas en bois.

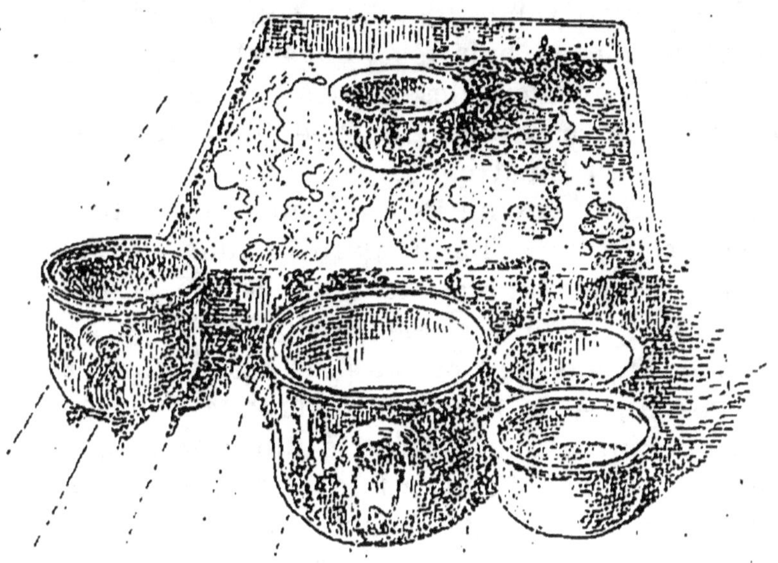

Fig. 32. La palette et les camions.

Il y a encore certains outils que l'ingéniosité
des peintres-décorateurs a su bien vite inventer.
Ainsi pour transporter d'un point à un autre
du décor posé à plat, un ou deux camions de
couleurs — et il s'agit de les transporter et de
s'en servir sans qu'ils risquent de se répandre
sur le décor — on a imaginé la *boîte*, sorte de
caisse rectangulaire, tenue par deux montants

à hauteur d'appui et que rejoint un manche horizontal, grâce auquel on manie facilement l'outil en question et son contenu.

Les brosses et les balais sont tous pendus dans un coin de l'atelier, bien rangés et tenus par un clou qui traverse l'extrémité du manche.

Il y a aussi, dans l'atelier, sous le toit, la grosse poulie en bois (*ou tambour*) autour de laquelle s'enroulent les cordes qui ont pour tâche de descendre les décors dans la rue, sur le chariot du théâtre.

Enfin, d'autres outils sont encore à citer : l'*époussetoir*, long bâton garni à une de ses extrémités de lanières de drap et qui sert à effacer sur la toile les fautes de dessin ou les traits de fusain dont on n'a plus besoin comme indication ; — le *troussequin*, longue règle en bois portant à une extrémité une pointe que l'on fixe sur la toile et, à l'autre extrémité, un crayon que l'on peut déplacer tout le long de la règle, et qui sert aussi à tracer, mais d'une manière plus parfaite cette fois qu'avec le procédé de la ficelle, des cercles de large diamètre ; — et, pour terminer, l'*équerre*, appelée « fausse équerre », qui a 3 m. 50 environ de longueur sur sa plus grande dimension.

CHAPITRE XXV

Les couleurs

—

Les couleurs. — Leur préparation. — Usage et utilité
de la colle de peau. — De l'effet des décors.

Disons tout de suite qu'on n'use presque jamais de peinture à l'huile.

Elle présenterait, en effet, deux inconvénients principaux : elle serait d'un prix trop élevé et elle alourdirait le décor. En outre, elle offrirait des reflets lustrés, désagréables à l'œil ; et il serait impossible pour travailler, de marcher — comme il le faut presque toujours — sur les décors.

On ne se sert également ni d'essence ni de vernis. Les couleurs employées par le peintre-décorateur sont spéciales.

Elles arrivent en poudre ou en pâte dans des barils ; et il y a toutes les nuances et toutes les gammes possibles. L'ensemble constitue vraiment un merveilleux choix pour un coloriste. Et le peintre-décorateur, pour être un décorateur de talent, doit être un coloriste.

On délaye les couleurs en poudre dans de l'eau, selon la quantité à employer, et l'on agglutine le tout en employant de la colle de peau chauffée au feu.

Les couleurs en pâte offrent plus d'éclat, mais elles risquent de se congeler par les basses

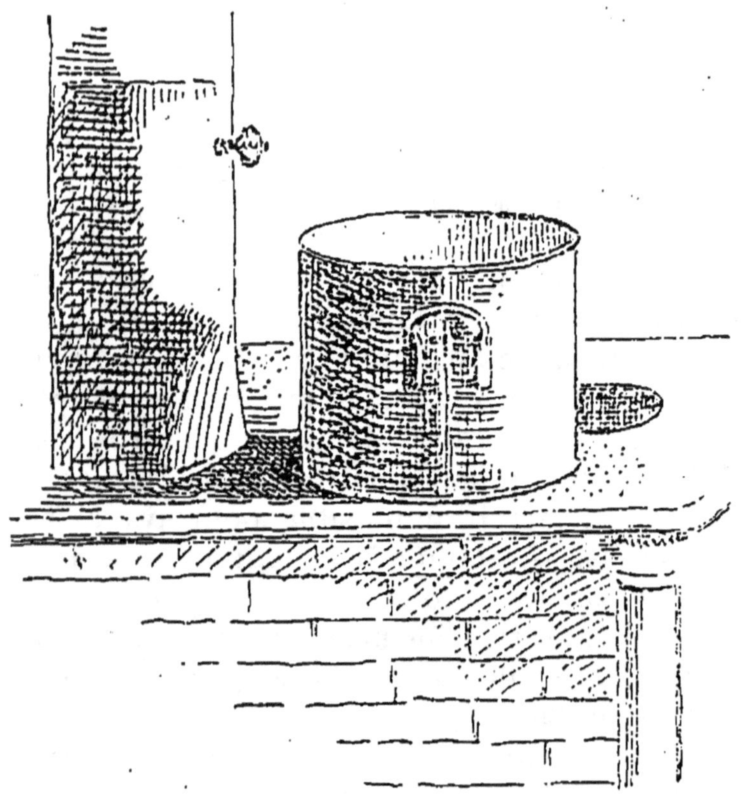

Fig. 33. — On fait chauffer la colle.

températures, et dans ce cas elles sont totalement perdues.

La couleur prête, on la verse dans les camions. Et s'il s'agit de couvrir de grandes surfaces, pour faire des *dessous*, ce sont de véritables baquets que l'on prépare et que l'on vide sur la toile tendue, à l'aide des plus larges balais de l'atelier.

C'est la colle qui, en séchant, fixe la couleur sur la toile.

Quand elle s'est figée dans le camion, inutilisé pendant un certain temps, il suffit de la délayer à chaud pour la remettre en état.

De même, les brosses et les balais que la colle a agglutinés, il convient de les tremper dans de l'eau très chaude pour leur rendre leur souplesse première.

On fait les couleurs plus ou moins épaisses, en dosant l'eau et la colle.

En somme, les couleurs ainsi préparées sont d'un emploi facile. On peut manier avec une grande souplesse les brosses et les balais. Ce ne sont pas des couleurs, en effet, qui offrent la « petite résistance », le *plaquant* de la peinture à l'huile.

J'ai dit que les couleurs en barils comportaient toutes les gammes et toutes les nuances. Aucune « palette », certes, n'est mieux préparée pour obtenir des décors *frais* et plaisants à l'œil. Il y a tous les verts, tous les bleus, tous les rouges et tous les jaunes ; et l'on peut chercher des tons à l'infini. Mais le décor simplement et « artistement » coloré reste le plus beau, le plus *visible* et le plus éclatant, dès le lever du rideau.

Des décorateurs font trop souvent des décors « noirs », en oubliant que le mélange sans mesure des couleurs ne peut produire que de déplorables *effets*.

Sans doute, il y a bien des cas où le décor doit être *classiquement* et *traditionnellement* sombre. C'est au théâtre surtout qu'il ne faut procéder que par gradations successives ; et, demain, un peintre-décorateur qui s'aviserait, par exemple, de peindre un cachot gai et fleuri de gammes vives, serait honni. Pour produire son *effet*, ledit cachot doit être, au contraire, constitué, semble-t-il, de pierres noires, vertes, moussues et *humides*.

Mais, toutefois, il peut être tenté de « petites révolutions » dans l'art de peindre le décor. Et, en tenant compte *ardemment* du ou des personnages, de l'action dramatique, de l'époque où elle se passe, il est bien certain qu'on peut, en partie, bousculer la tradition, et présenter par exemple un *nouveau* cachot qui, d'abord, sera mal compris, puis, par la suite, très *applaudi*.

D'ailleurs, dans la vie, une action ténébreuse, horrible, ne se passe pas toujours dans un site ou dans une chambre lugubre et également épouvantante. Un violent drame peut se dérouler dans la gaîté d'une terrasse fleurie, au bord de la mer, ou dans un salon très coquet et paré de bibelots. Eh bien ! le décorateur moderne n'a pas à se préoccuper outre mesure de répondre par de l'horreur à l'horreur. Le contraste, même exagéré, peut souvent produire un *effet* très considérable.

Au temps des grands drames romantiques, où tout était empanaché, enflé, hors de mesure ;

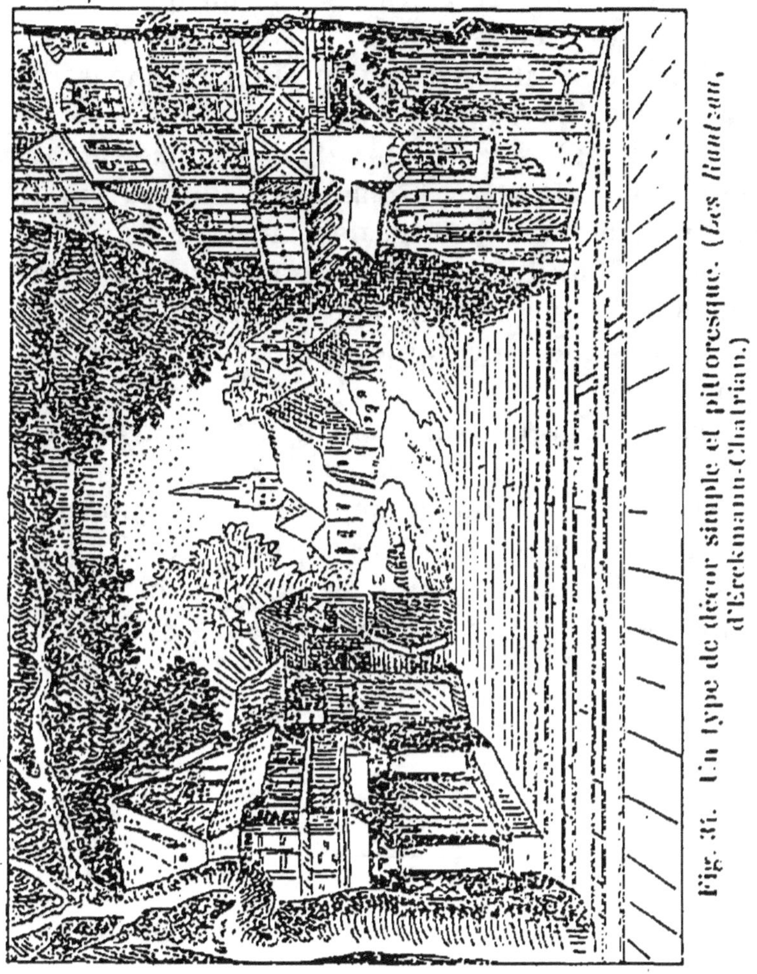

Fig. 86. — Un type de décor simple et pittoresque. (*Les Rantzau*, d'Erckmann-Chatrian.)

où les répliques étaient encore plus extraordinaires que les personnages eux-mêmes ; où il convenait de « monter le coup » au spectateur

dès le lever du rideau : où il fallait le *prendre*,
le dominer, l'étreindre jusqu'à l'angoisse, certes
le décor « pompier » avait sa raison d'être : et
les couleurs elles-mêmes devenaient *féroces*,
terribles, constituaient un ensemble d'une rare
truculence horrifique.

Les peintres-décorateurs de ce temps étaient
alors, sans effort, à l'image des illustrateurs,
des maîtres du mystère, de l'angoisse et de la
terreur. C'était le temps des assassinats à la
douzaine, des cadavres jetés dans des sacs en
Seine, des tours de Nesle et autres hostelleries
sanglantes.

Les décorateurs suivaient le mouvement ; et
ils avaient raison.

Aujourd'hui, nous avons enlevé le panache,
momentanément. Que nos décors soient donc,
eux aussi, simples mais séduisants, et qu'ils
conviennent à nos étroits désirs !

CHAPITRE XXVI

Les traceurs

—

Les premiers travaux avant l'emploi de la couleur. —
Agrandissement et mise au point de certains détails
d'esquisses.

Avant d'employer la toile, les traceurs ou
perspecteurs préparent sur du papier les détails
grandeur d'exécution, qu'il faudra *poncer* afin
de faciliter le travail.

Quelques-uns de ces traceurs ont acquis vraiment une virtuosité étonnante ; et il est très
plaisant de les voir, du bout de leur porte-
fusain, rectifier la courbe d'une volute, par
exemple, ou styliser toute une frise.

Avec de la craie, ils indiquent encore çà et là,
les points où il faudra accrocher de la lumière.

Ce sont les traceurs encore qui doivent mettre en perspective tout le décor ; et quand il
s'agit de maçonneries, de palais, de tourelles,
dont l'*appareil* doit être visible, la besogne n'est
pas mince. Il faut non seulement connaître la
perspective, mais encore il faut juger du plus
grand *effet* à préparer.

Tous ces traceurs, chaussés de savates, vont
et viennent, aussi à l'aise pour dessiner, plus
à l'aise même maintenant que s'ils étaient de-

vant une table. Avec l'habitude, ils acquièrent un merveilleux coup d'œil qui leur fait réaliser de véritables prouesses.

Quand ils travaillent sur la toile plus rigide des châssis, ils dessinent par exemple des architectures qui sont d'un style étonnant. Souvent, c'est même presque trop beau pour un décor, — quand la couleur, par surcroît, viendra tout à l'heure recouvrir ces traits souples et fins tracés par une petite brosse trempée dans de la couleur rouge *(laque géranium)*.

Bien entendu, par rapport à des axes de symétrie, les mêmes *motifs* qui se répètent sont poncés ; mais il y a toujours un peu de flou dans ce travail préparatoire ; et c'est avec le petit pinceau souple que le dessinateur donnera la vraie ligne, la véritable silhouette d'un ornement.

Pour cela, un traceur doit connaître très bien tous les styles, posséder le « coup de patte » qui lui permettra, avec un simple *accent*, de *dater* très exactement le moindre ornement.

Sans doute, il y a les *documents* : planches d'album, volumes consacrés aux divers styles, photographies reproduisant des *motifs* de chefs-d'œuvre, etc. Mais il ne convient de se servir de ces documents que comme indication générale ; un bon traceur doit savoir, sur le trait flou du fusain, indiquer à la couleur rouge le *vrai caractère* de l'ornement qu'il a à dessiner, et cela les documents très souvent ne le livrent pas.

Et cela, on ne l'acquiert qu'après un long
apprentissage et si l'on a certaines dispositions
naturelles.

Certainement, bien des décorateurs ne se
soucient guère d'être aussi précis, aussi savants.
Ils ne s'inquiètent même pas, la plupart du
temps, d'avoir un bon dessin. « La peinture,
disent-ils, recouvrira les fautes ». Et, de fait,
c'est ce qui se passe pour nombre de décors
ratés que des théâtres réputés n'hésitent pas
toujours à hospitaliser.

S'il s'agit de peindre une *ruine*, par exemple,
beaucoup de décorateurs en prennent à leur
aise. Des mousses, des feuillages, des canne-
tilles recouvriront les endroits défectueux, et
tout sera dit. Oui, sans doute, un défaut est
par ce moyen souvent caché ; mais l'ensemble
manque alors le plus souvent totalement d'*effet*.

Un bon traceur a toujours raison, même
dans l'art du décor de théâtre.

CHAPITRE XXVII

Les peintres

—

Emploi de la toile à peindre. — Report des détails
d'esquisses.

J'ai dit que la toile était d'abord tendue et
fixée à l'aide de pointes plates, sur le parquet.
Quand il faut de vastes *rideaux*, on coud entre
eux autant de morceaux de toile que cela est
nécessaire.

La toile à décors est généralement fabriquée
à Armentières. Elle est forte et durable. Elle
est d'une couleur de toile à voile, très foncée.
Elle est très maniable.

Le premier soin est de la recouvrir entièrement d'une couche d'apprêt au blanc de Meu-
don.

Dès que cette couche est sèche, c'est le
traceur qui intervient et reporte sur la toile,
comme je l'ai dit ailleurs, les mesures et profils
de la maquette.

Le cordeau pour tracer les grandes lignes
s'appelle la *tringle*, et *tringler* veut donc dire :
tracer des lignes.

Je dirai plus loin comment on utilise la toile
dès qu'elle est tendue sur un châssis.

Je n'entends parler dans ce chapitre que des rideaux de fond, qui constituent, en somme, le plus souvent, la peinture la plus importante de tout le décor.

L'esquisse est donc reportée sur la toile de fond par la méthode de la mise au carré. S'il s'agit d'un lointain peu compliqué, d'une baie de mer avec une colline, d'une plaine sans aucun vallonnement, par exemple, le report est vite fait ; et la précision du travail n'a pas besoin d'être absolument complète.

Il en va autrement quand l'esquisse a mis en perspective tout un décor architectural ou tout le panorama d'une ville considérable. Dans ces deux cas, il faut une grande attention pour ne *pas perdre* la silhouette générale.

C'est encore à la couleur rouge qu'on fixe les détails caractéristiques.

Puis quand tout est en place, quand toute l' « armature linéaire » est constituée, interviennent les peintres qui posent, balayent les premiers tons d'ensemble, selon les indications de couleurs préparées sur un bout de toile.

On fait ainsi des *dessous* comme pour la peinture à l'huile.

Et il faut que ces dessous soient soigneusement préparés et parfaitement peints si l'on veut obtenir un résultat louable.

Il faut ici peindre *en grand*, toujours, travailler avec des couleurs qui perdent beaucoup de leur intensité en séchant. Il faut savoir, avec des camions pleins de couleurs variés, doser

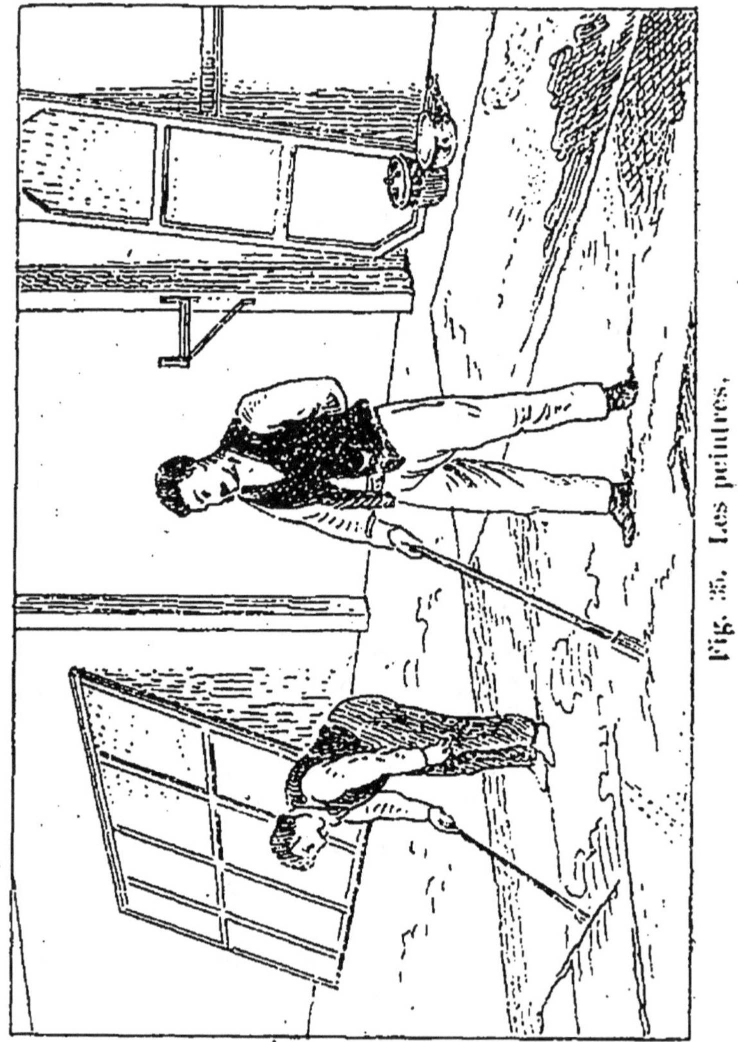

l'effet ; souvent même l'obtenir d'un seul coup, afin qu'il soit plus éclatant.

L'artiste emploie seulement alors la brosse. Il va et vient, piquant de tons vifs la toile ou la remplissant avec toujours un goût très vif du pittoresque.

Et la tâche est rude. Car il faut obtenir ici l'*effet* sur une toile très vaste, posée à plat, et dont on ne peut, à chaque instant, *saisir* l'ensemble.

Quelquefois, dans des intérieurs, dans des architectures par exemple, on doit « *rehausser d'or* », « *rehausser* » dit-on simplement, certains détails d'ornementation.

Alors on utilise une composition appelée « *mordant* », et qui est un mélange de cire, de térébenthine de Venise et de suif. Le tout forme une pâte collante que l'on applique en saillie sur les parties à rehausser. Ensuite, il n'y a plus qu'à brosser sur ces saillies des feuilles d'or pour obtenir le « rehaut » désiré.

CHAPITRE XXVIII

Confection des châssis. Chantournage

—

Les *châssis* sont, dans l'ensemble, des morceaux de la toile à décors tendus, *marouflés* sur une carcasse de bois analogue à celle des châssis employés pour la peinture à l'huile. Toutefois, il peut y avoir des parties de bois plus larges en divers points, quand il s'agit, par exemple, d'avoir une silhouette très découpée. C'est le menuisier, dans ce cas, qui prépare cette silhouette, en découpant, en *chantournant* le décor.

Le grand point, c'est d'obtenir toujours, ou du moins autant que possible, des carcasses de bois légères et maniables, tout en étant solides. Car, au cours d'une représentation, la fatigue serait grande pour les machinistes s'ils devaient planter ou *déblayer* (enlever) des châssis trop pesants.

Presque toujours ce sont les théâtres qui fournissent au peintre-décorateur, d'après ses dessins, les châssis tout montés et déjà marqués au dos des signes du théâtre et du nom de la pièce à représenter.

Ces châssis sont établis avec la collaboration du chef machiniste, qui est, en somme, dans ce cas, le plus direct collaborateur du peintre-décorateur.

Sur ces châssis, on traite la toile de la même manière que lorsqu'il s'agit des rideaux de fond.

On passe dessus une couche de blanc, on laisse sécher, et l'on reporte avec soin tous les

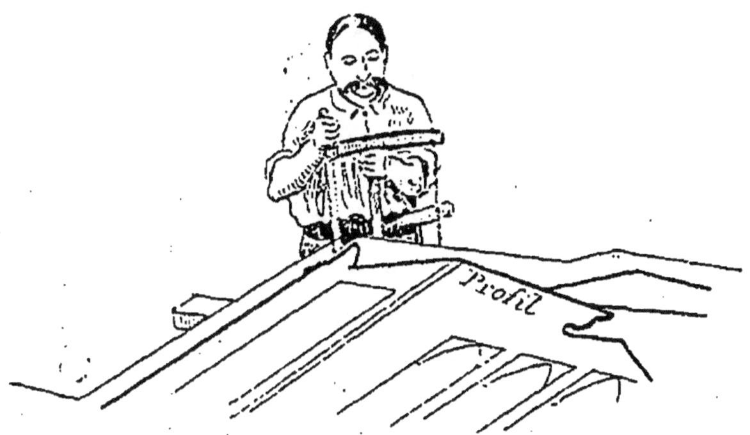

Fig. 36. — Chantournage d'un décor.

détails des esquisses préparatoires établies par le peintre-décorateur.

S'agit-il d'un châssis à portes et à charnières, d'un châssis architectural (décor de salon, de palais, etc.), on fait le report au fusain, avec la règle pour tracer les lignes droites, et ensuite quand les ornements sont dessinés, on les repasse à la couleur rouge qu'emploie un pinceau souple.

S'agit-il d'un ornement double, qui se répète par un axe de symétrie, on *ponce* le second ornement, et l'on dessine en rouge tout l'ensemble.

On laisse sécher ; et l'on peint ensuite les châssis de la méme manière que les toiles de fond.

CHAPITRE XXIX

Plafonds de paysage
Comment on soutient les découpures
trop fragiles

—

Le plafond de paysage ou *frise de forêt* est une découpure de feuillage qui descend dans toute la largeur de la scène.

Vous n'avez pas été sans admirer souvent l'apparence de fragilité de ces découpures ; et certainement vous avez cherché comment elles pouvaient *se tenir* et résister aux longs soirs d'une pièce représentée quelquefois durant toute une année.

Oui, vraiment, ces découpures sont très souvent déconcertantes, tellement elles sont légères et sujettes à être bien vite déchirées.

Eh bien, pour les maintenir, on a recours à un procédé très ingénieux qui, du jour où il fut trouvé, fit toute une révolution dans l'art du décor.

Auparavant, on ne pouvait songer à donner l'illusion d'une cannetille grimpante ou descendante, d'une branche légère qui berce doucement ses feuilles extrêmes. On n'obtenait que des découpures « raides », imitant grossièrement la fantaisie des branchettes éployées.

Aujourd'hui, grâce au procédé du *filet*, sur lequel on fixe les feuilles les plus légères, les

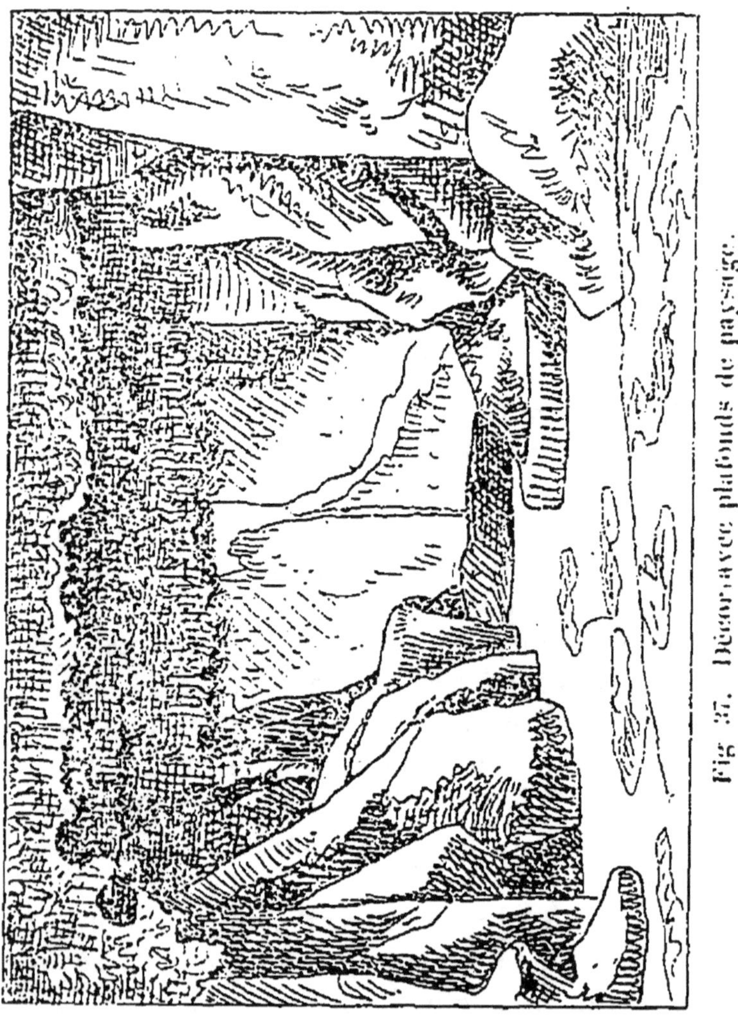

Fig. 37. — Décor avec plafonds de paysage.

pampilles les plus capricieuses, on obtient vraiment toutes les fantaisies sylvestres que nous admirons dans la nature.

C'est un jeu maintenant pour tous les décorateurs que d'avoir une fine dentelure.

Voici la manière d'utiliser le filet :

Une fois le plafond peint, on le découpe, on le retourne et on tend le filet par-dessus, à l'aide de pointes plates un peu dépassantes.

Ce *filet* est fait de mailles en fil noir très léger et très solide. Les mailles ont environ chacune, 15 millimètres carrés.

On coupe ensuite le filet à la longueur utile. Alors, ledit filet étant bien étalé sur la découpure, on le badigeonne de colle de peau (chauffée bien entendu) sur tout l'envers même de la découpure. Et, avant que la colle soit sèche, on recouvre le tout de petites bandes de papier de soie, de différentes largeurs, suivant la forme des feuilles. On obtient ainsi un tout suffisamment solide, si l'on veut bien prendre quelques ménagements.

Et c'est ainsi que les peintres-décorateurs une fois de plus vous émerveillent.

———

CHAPITRE XXX

Dernières retouches d'ensemble
à l'atelier

—

Pour considérer les *rideaux* posés à plat, il existe le plus ordinairement dans l'atelier une sorte de pont dressé le long d'un mur, à une hauteur de cinq à six mètres. Le décorateur va et vient le long de ce pont, et il peut aisément se rendre compte, au fur et à mesure du travail, de l'effet général que présentent les *rideaux*. Il a un *recul* suffisant.

Pour les *châssis*, la tâche est encore simplifiée. Dressés debout, ils se « réalisent » presque comme ils seront au théâtre. Je dis : presque, car il faut tenir compte de l'éclairage électrique qui modifie en partie les tons. Mais le peintre-décorateur sait, sur ce point, largement à quoi s'en tenir, s'il connaît bien son métier.

Les principales retouches qu'il aura à faire au théâtre, sous l'éclairage électrique, proviendront souvent du voisinage des personnages, dont il n'a pu connaître, la plupart du temps, la couleur des costumes.

Et il y aura le choix des accessoires, leur couleur encore. C'est donc quand tout sera

en place, personnages et accessoires, que le
décorateur, armé de sa brosse, piquera çà et
là des tons nouveaux, modifiera, atténuera,
accentuera ses colorations, pour le plus grand
effet à obtenir.

CHAPITRE XXXI

Les divers éléments des décors

—

Parmi les principaux éléments des décors, on compte les *rideaux de fond*, les *châssis* ou *fermes*, les *pantalons*, les *bandes d'eau*, les *bandes d'air*, les *terrains*, les *plafonds*.

Le *rideau de fond* est une surface de toile sur laquelle on a peint le fond d'une décoration, un horizon de montagnes, de prairies, la perspective à vol d'oiseau d'une ville, etc.

Les *fermes*. On les fait en bois et l'on perce des ouvertures, portes et fenêtres.

Le *pantalon* est un petit rideau de fond, que l'on place derrière une fenêtre ou une porte.

Une *bande d'eau* est un châssis de faible hauteur, qui représente le bord d'une surface liquide.

Une *bande d'air* est de même un petit rideau, placé en haut, qui donnera un aspect de ciel.

Un petit châssis de 40 à 50 centimètres de hauteur, placé sur la scène et indiquant une petite partie du sol, constitue un *terrain*; et, enfin, on appelle *plafond*, une surface horizontale que l'on place au-dessus de la scène.

Les *fermes* sont, en général, peu maniables

pour les premiers machinistes venus. Elles ont souvent de grandes dimensions qui obligent à les plier, au moyen de charnières, pour les remiser dans les magasins de décors.

J'ai parlé des *praticables* dans un chapitre

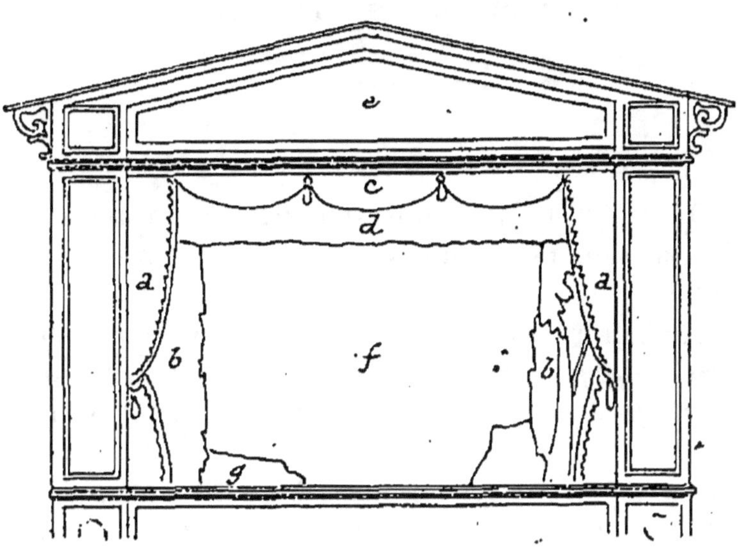

Fig. 38. Éléments de décor. — *a* et *c*, manteau d'Arlequin ; *b*, châssis ; *d*, bande d'air ; *e*, fronton ; *f*, toile de fond ; *g*, terrain.

précédent, à propos des représentations du théâtre en plein air. Ces *praticables* sont des fermes portant paliers et planchers auxquels on accède par des rampes ou par des escaliers. Une fois de plus, le charpentier devient pour ces décors spéciaux le plus direct collaborateur du peintre-décorateur.

CHAPITRE XXXII

Dénomination des divers décors :
rustique, salon, etc.

—

On ne pouvait manquer de dénommer les divers décors employés dans la mise en scène.

Toutefois, on parle, le plus souvent, des *décors types*, dont les noms divers : *rustique, salon, forêt,* etc., disent complètement la nature.

Ces décors types peuvent, dans les petits théâtres, se résumer à trois : un *salon*, un *rustique* et un *jardin*.

Bien entendu, dans ce cas, le décor, débarrassé de ses accessoires, sera lui-même le plus simple possible. Car, pour le *salon* par exemple, il faut pouvoir, si l'on veut, le transformer en une chambre d'hôtel de troisième ordre.

Le *jardin*, de même, sera *impersonnel* et autant que possible transformable. Il devra pouvoir s'adapter à toutes les actions qui se passent aux champs.

Un *rustique* est constitué par une cour de ferme, un hangar, etc.

Pour une forêt, la difficulté d'ordre général est moindre. On peut croire que ce troisième

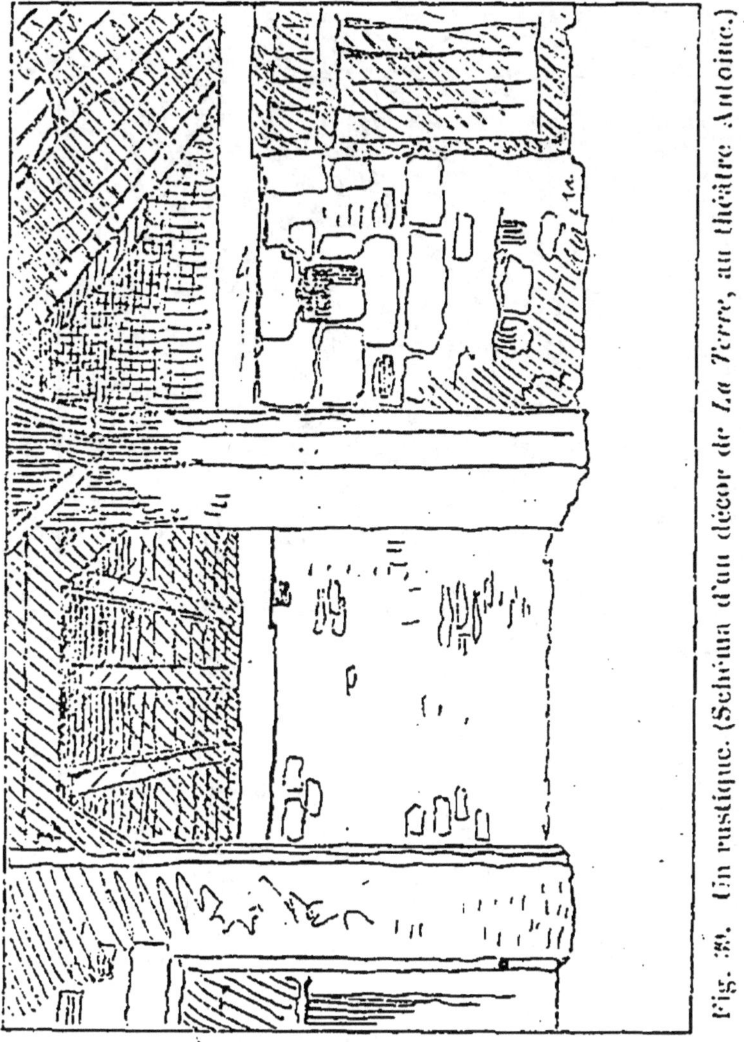

Fig. 39. — Un rustique. (Schéma d'un décor de *La Terre*, au théâtre Antoine.)

décor est aussi bien un coin de la forêt de Fontainebleau ou de la Forêt-Noire.

Ces trois décors types sont surtout utilisés,
comme je l'ai dit, par les théâtres de peu d'im-

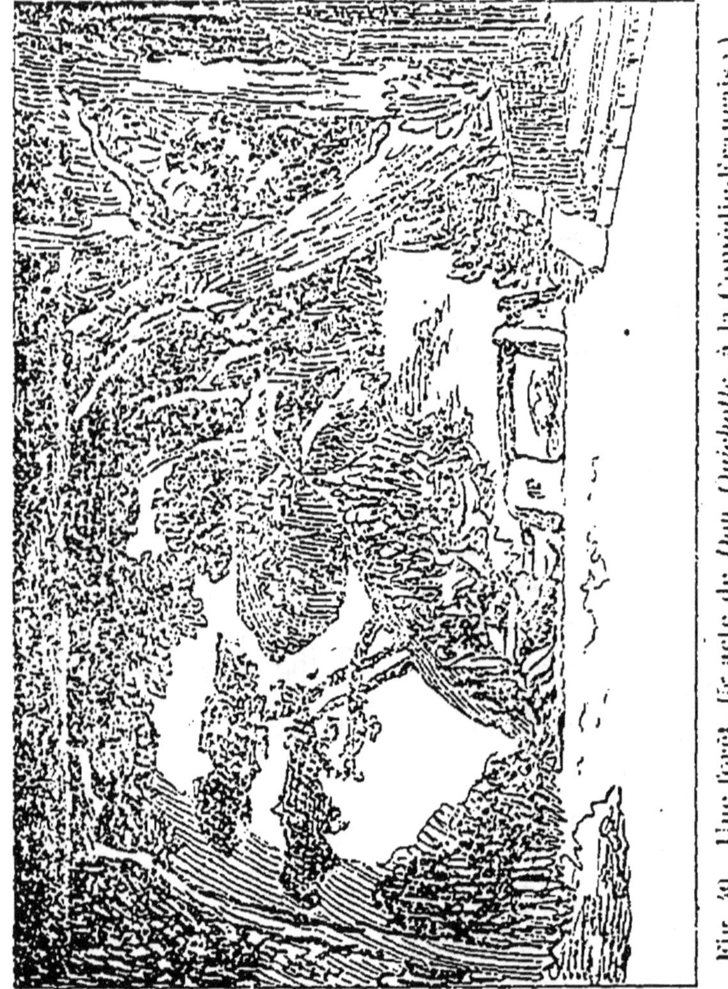

Fig. 40. — Une forêt. (1er acte de *Don Quichotte*, à la Comédie-Française.)

portance. Avec des accessoires plus ou moins
appropriés, on peut arriver quelquefois —
pourquoi pas ? — à un certain *effet*.

Dans les grands théâtres, il y a toutes les autres dénominations connues : l'action pouvant se passer dans les endroits les plus divers et les plus inattendus. Les opéras et les féeries contiennent beaucoup de décors compliqués et variés à plaisir.

CHAPITRE XXXIII

Décors en papier ou en fer

—

Par mesure de préservation publique contre l'incendie, on a exigé que certains petits théâtres, n'ayant que d'étroits dégagements, eussent des décors en fer. Cela est d'un vilain effet à la vue ; et, au moindre choc, tous ces panneaux résonnent fâcheusement.

La peinture, enfin, s'y présente *sèchement*, dans un aspect *étriqué* qui boucle tout net l'imagination la plus capricieuse.

Des décors en papier, qui nous viennent d'Italie, ne sont guère — même lorsqu'ils sont autorisés — plus louables. Ils ont toujours un aspect « fléchissant », comme s'ils étaient encore mouillés par les couleurs qui les recouvrent. C'est un procédé très économique, voilà tout.

Au fond, aucune autre matière ne peut actuellement remplacer la toile. Elle, seule, a ce *flottant* qui plaît et elle, seule, donne à la peinture toute sa souplesse.

Je sais bien que les décors en fer ou en papier ne sont jamais délibérément choisis. Ils sont, au contraire, imposés l'un et l'autre, soit par mesure de prudence, soit par économie ; et, légitimement, dans l'un et l'autre cas, le mieux c'est de ne prêter aucune attention à des décors aussi imparfaits, quoique les décors en papier permettent, néanmoins, de tirer d'eux beaucoup plus de ressources que des décors en fer, dans lesquels, par exemple, on ne peut songer à découper des silhouettes de feuillage ou d'architecture.

TROISIÈME PARTIE
ÉQUIPEMENT DES DÉCORS

CHAPITRE XXXIV
Départ des décors pour le théâtre. Le chariot

Voilà les décors terminés ; les toiles peintes et les châssis simples, chantournés ou montés sur charnières.

Il s'agit maintenant de les descendre dans la rue, où le long chariot à hautes ridelles les attend.

Bien entendu, il ne peut être question de les descendre par un escalier si vaste qu'il soit. Alors, on les attache avec des cordes et on les fait glisser par une large baie, à l'aide d'une poulie. Puis on les range debout dans le chariot, en évitant les frottements.

Pour reconnaître aisément les décors, on les a, d'abord, à l'atelier, estampillés d'une manière très claire. Une fois qu'ils seront au théâtre, le chef machiniste, s'il le juge bon, ajoutera quelques indications complémentaires. Plus loin, à propos de la manœuvre des décors, je dirai comment, en général, on marque les différentes « pièces » de cet encombrant « jeu de patience », dont il faut venir à bout, dans le minimum de temps possible.

———

CHAPITRE XXXV

La scène

—

Les décors sont faits pour la scène. — Qu'est-ce que la
scène et comment est-elle installée ?

Dès qu'un théâtre a quelque importance, il a,
en plus de la *scène*, des *dessous* et des *cintres*.

La *scène* est séparée de la salle par le *rideau*,
double le plus souvent, car la Réclame, qui se
niche partout, n'a pas manqué d'utiliser l'un
des deux rideaux pour afficher sa publicité.

Un plancher, en forme de rectangle et légère-
ment incliné vers la salle, constitue la *scène*.
Elle se divise en deux parties principales : le
devant ou *face*, et le fond ou *lointain*.

Il y a une troisième partie : le *proscenium*
ou *avant-scène* ; c'est la place sise devant le
rideau lorsqu'il est baissé.

Restent les expressions *côté cour* et *côté jardin*, encore utilisées dans tous les théâtres. Elles
viennent d'une salle de spectacle très célèbre
qui fut construite sous Louis XIV et qui existe
encore au château de Versailles. Cette salle est
édifiée entre *cour* et *jardin*. Pour le spectateur,
placé dans la salle, la *cour* est à sa droite, et le
jardin à sa gauche.

Les scènes sont de dimensions variables en profondeur et en hauteur ; elles s'accordent avec l'importance du théâtre.

Le plancher de la scène, de la face au lointain, se divise en un certain nombre de zones parallèles ou plans. Huit à dix, en général.

A l'Opéra, ces *plans* donnent une longueur de 28 mètres sur une largeur de 32 mètres. Cela fait une superficie considérable de 900 mètres environ, dont le public n'aperçoit que la moitié. Il n'embrasse que la partie de la scène encadrée par le rideau, c'est-à-dire 16 mètres de large. Il ne voit pas le long des deux murs latéraux, les magasins, les *tas* où les châssis de décors sont en réserve ; il n'aperçoit pas davantage l'espace réservé pour la circulation et les coulisses.

Revenons au plancher de la scène. Chaque *plan* est divisé en plusieurs parties. La plus large ou *rue*, a environ 1 mètre 14 de largeur. A côté, se trouve le *trappillon* ou *fausse rue*, d'une largeur de 25 centimètres. Il s'ouvre et se referme comme un couvercle pour laisser passer les décors qui viennent des dessous.

Le *trappillon* est séparé de la rue par une fente qui traverse entièrement le plancher et que l'on appelle *costière*. Elle est utilisée pour les *mâts* et les *faux châssis*.

Les *rues* elles-mêmes jouent un grand rôle. Elles forment des successions de *trappes* carrées, posées bout à bout de manière à s'enlever par morceau, une à une, ou glisser ensemble dans les *tiroirs*, à droite et à gauche, quand une *rue* s'ouvre dans toute sa longueur.

On a uniformisé cette disposition pour toutes les scènes. Elle est surtout indispensable aux

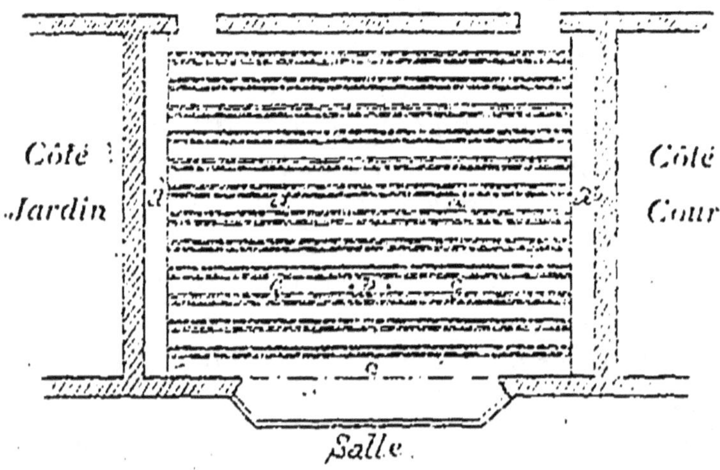

Fig. 41. Plancher de la scène. *a*, cheminée; *b*, rue; *c*, fausse rue ou trappillon; *d*, costière; *e*, rideau.

féeries, aux *pièces à tiroirs*, suivant le terme en usage. Dans les spectacles de pure comédie, où le décor ne remplit qu'un rôle secondaire, ladite disposition se simplifie beaucoup.

Il y a bien d'autres choses sur la scène. Ainsi, à droite et à gauche, le long des murs latéraux, on voit deux grandes sortes d'armoires à claire-voie qui montent jusqu'au *cintre* : ce sont les *cheminées* dans lesquelles vont et viennent les *contrepoids* qui servent à *équilibrer les décors*.

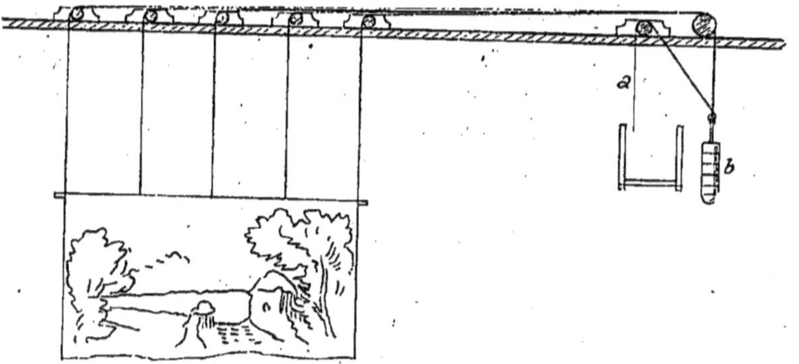

Fig. 42. La manœuvre d'un décor : *a*, fil pour la manœuvre : *b*, contrepoids.

Au théâtre, une vieille tradition défend, sous peine d'amende, de prononcer les mots : *corde* ou *cordage*.

Les différentes cordes, selon leur grosseur, se nomment, en allant de la plus petite à la plus grosse : *fil, guinde* ou *commande*.

CHAPITRE XXXVI

Les dessous

—

Sous le plancher de la scène, se trouvent les *dessous*. Ce sous-sol se compose d'au moins trois étages ou *dessous*.

L'Opéra en possède cinq. De la cave au niveau de la scène, on compte 15 mètres, et 35 mètres de la scène au *gril*, ou grenier à claire-voie sous les combles ; soit une hauteur totale de 50 mètres.

Les planchers des dessous reproduisent exactement la *scène* en rues et fausses-rues. Ainsi un décor peut être envoyé à tel ou tel dessous, précisément.

Un bâti appelé *chariot*, mobile sur rail, correspond dans le premier dessous, à chacune des *costières* ou rainures, qui creusent le sol du plancher. En ces rainures, le machiniste plante des poteaux carrés, de 3 à 10 mètres de hauteur, et traversés par des *chantignolles* en bois ou en fer. Il grimpe après ces *mâts* et y fixe, à l'aide de *fils*, les châssis de décors, qu'il installe plus ou moins avant sur la scène, suivant que le tableau doit être resserré ou agrandi. Pour que les châssis roulent aisément, il prend soin, toutefois, de les attacher — *guinder* en style

de machiniste — en laissant de jeu un centi-
mètre entre eux et le plancher.

Rester dans le premier dessous pendant les
changements de décor, serait assez dangereux

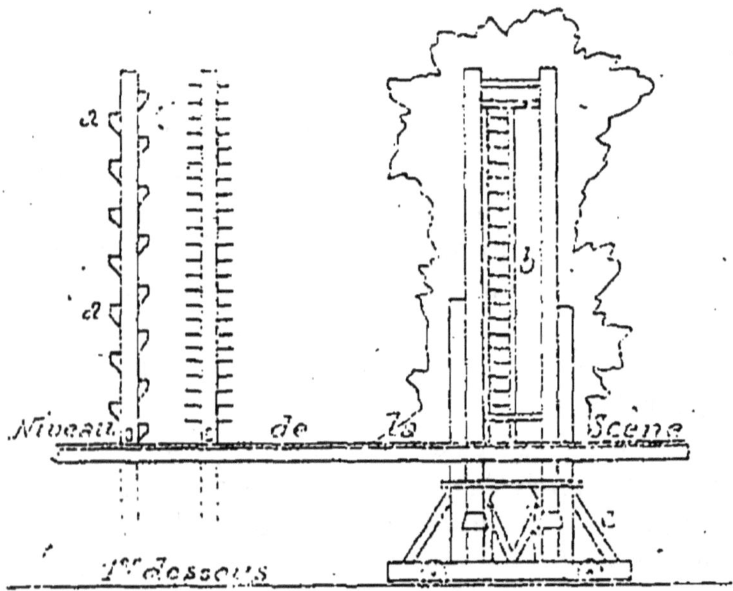

Fig. 43. — Mâts, faux châssis et chariot. *a*, chantignolles ;
b, faux châssis ; *c*, chariot.

pour un inexpérimenté, à cause des *chariots*
que les machinistes de la scène manœuvrent
sans les voir.

Aux étages inférieurs, régulièrement rangées,
reposent les *fermes*. Ce sont des châssis rigides,
qui montent des dessous, grâce à des contre-
poids qui pèsent quelquefois des milliers de
kilogrammes.

En argot théâtral, *appuyer une ferme* veut dire : *élever une ferme* ; et *charger* signifie *baisser*. Par exemple, quand on crie : *chargez l'avant-scène*, il faut comprendre que cela veut dire : *baissez le rideau*.

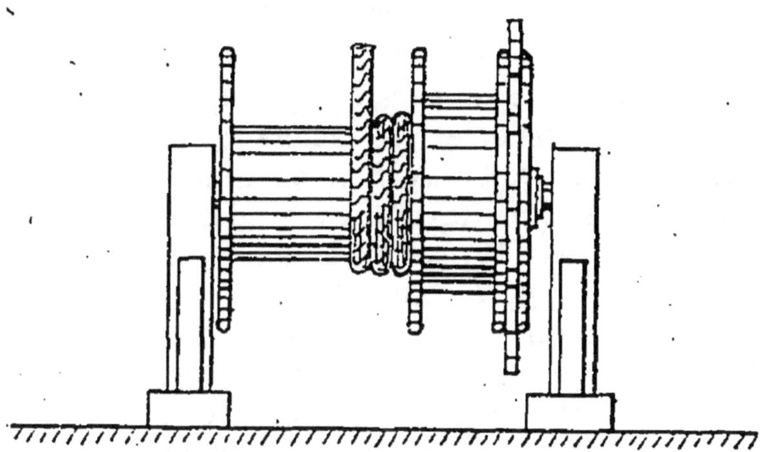

Fig. 44. Tambour.

Quand on veut faire monter une *ferme* (peinture appliquée sur des châssis et dans laquelle se trouvent des portes, des fenêtres, etc.), on a soin de la ficeler a des montants de bois ou âmes, eux-mêmes encastrés dans une armature de fer qui guide ce décor jusqu'au trappillon, où le plancher se creuse pour lui donner passage.

CHAPITRE XXXVII

Les cintres

—

Les cintres, ce sont les étages supérieurs du théâtre. Des fenêtres les éclairent, et l'on y accède par d'étroits escaliers en colimaçons.

A une dizaine de mètres au-dessus de la scène, on trouve le *pont du lointain* qui relie le côté jardin au côté cour. Mais c'est des *ponts latéraux* qu'on met en mouvement les fils isolés ou en faisceaux, *commandes* ou *poignées*, dont les bouts attendent en *retraite*, c'est-à-dire amarrés à des chevilles de bois, l'instant d'être employés.

Ici, à l'encontre des fermes, les toiles qui viennent des dessus sont légères, flottantes et de petite dimension. Ce sont en général des *ciels*, des *bandes d'air*, des petits *pantalons* (à l'abri desquels on prépare un changement) ou des feuillages d'arbres qui retrouvent leurs troncs profilés sur les châssis de la scène.

Si l'on excepte quelques toiles de fond de petites dimensions pouvant être enlevées d'un seul morceau, presque toutes les toiles de fond de dimensions régulières s'enlèvent pliées en deux.

Exception est faite pour les rideaux d'avant-scène qui s'enlèvent d'un seul morceau.

CHAPITRE XXXVIII

La manœuvre des décors

—

Toutes les personnes qui sont allées sur la
scène d'un grand théâtre, aussitôt après la
chute du rideau, ont pu se rendre compte du
véritable « branle-bas » auquel se livrent les
machinistes. Les coulisses proprement dites
sont peut-être, au dire du commun, l' « endroit
où l'on flirte » ; mais, à coup sûr, le « manège »
ne s'accomplit point pendant les entr'actes.
Gare alors à l'imprudent qui s'aventure dans ce
chaos qu'offre la scène, quand les machinistes
sont aux prises avec châssis, portants, etc., et
doivent enlever les décors qu'on vient de voir
pour les remplacer par d'autres. Il est bientôt
bousculé, pourchassé comme balle, heurté par
un poteau, cinglé par un fil, et il cherche vite
sa retraite. Le pompier de service, seul, impas-
sible dans son petit coin, est, avec le régis-
seur, le témoin de ce véritable remue-ménage.

Il faut réduire au minimum de temps la
durée des entr'actes. Le public n'aime pas
qu'on lui espace trop défavorablement son
agrément. Si la pièce lui plaît, il veut en connaître le plus tôt possible toutes les péripéties ;

si, au contraire, la pièce ne le satisfait point, il
a hâte de voir la fin de son ennui.

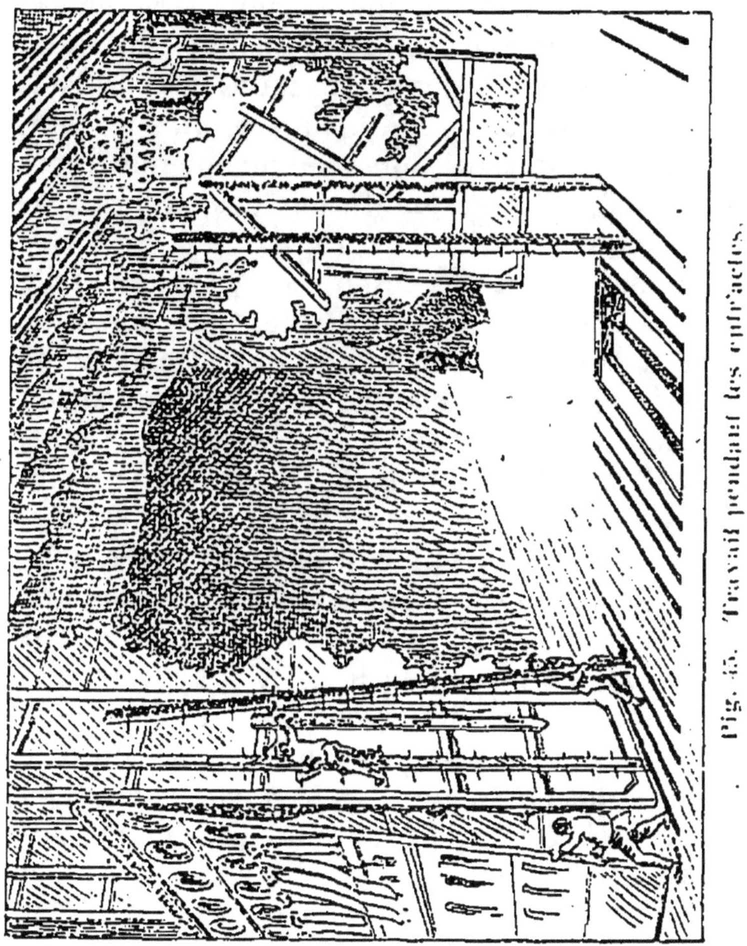

Fig. 45. — Travail pendant les entr'actes.

Aussi, de toutes façons, a-t-on dû encore ici
diviser le travail pour qu'il puisse être accom-
pli dans un très bref délai.

Il y a les machinistes de la *cour* et ceux du *jardin*.

C'est pour chacun une besogne strictement réglée une fois pour toutes. Mais, bien entendu, quel que soit le savoir-faire des machinistes employés, on comprend bien que, plus le nombre des représentations d'une même pièce augmente, plus la plantation des décors « se fait rapidement ».

La manœuvre de ces pièces de bois ou de toile ne devant pas constituer une sorte de casse-tête chinois on a tout de suite imaginé d'écrire, au dos de chaque châssis, l'indication précise de l'endroit où il doit se placer. Ainsi « *Faust, 4ᵉ acte, 3 DV au 4 DR Cour* » veut dire que ce châssis occupera le devant du 3ᵉ plan jusqu'au derrière du 4ᵉ plan du côté de la cour, dans le 4ᵉ acte de *Faust.* Et, pour qu'il n'y ait aucune hésitation, tout est marqué depuis les détails de décoration posés à la main, jusqu'aux fermes qui sortent mécaniquement du sous-sol.

Pour les changements rapides, on emploie depuis plusieurs années, le changement *au noir*, la salle étant dans l'obscurité et une demi-douzaine de lueurs rouges seulement à la rampe. Ce changement est très usité dans les music-halls où les décors sont le plus souvent constitués par une simple toile de fond et quelques sommaires accessoires de premier et de second plan.

CHAPITRE XXXIX

Plantation des décors

—

Il faut des décors divers.

Public et auteurs ont peu à peu exigé des décors divers pour chaque tableau. Autrefois, je l'ai dit, il n'en allait pas de même.

L'action se transportait, sans changement, dans les lieux les plus variés : les personnages se contentaient de passer d'un point à un autre, rien de plus. Ainsi, à l'hôtel de Bourgogne, le théâtre représentait : « à gauche, un vaisseau d'où une femme doit se jeter à la mer ; plus loin, l'entrée d'un palais ; au fond, une belle salle garnie d'un trône ; à droite, une chambre avec un lit », et, souvent, le décor était encore plus compliqué.

On plantait alors les décors invariablement de front, et les monuments ou les arbres, ne dépassant jamais la hauteur des châssis, étaient d'une petitesse invraisemblable. C'est Servandoni qui, sous Louis XV imagina de peindre des soubassements, et des colonnades sur les décors inférieurs et de continuer sur les frises et les rideaux la suite de son architecture, que complétait l'imagination du spectateur.

De nos jours, on fait beaucoup de *plantations
obliques*. On ne s'astreint plus comme autrefois
à représenter un salon, par exemple, toujours
de face ; on le présente d'*angle*, très souvent.

Quant à l'*horizon*, comme il ne peut être
exact pour toutes les « hauteurs » de spectateurs, il est généralement indiqué pour le fond
de l'orchestre et les spectateurs du balcon.

CHAPITRE XL

L'éclairage

—

Les décors une fois plantés, il faut les éclairer. — De quelle manière, en général, procède-t-on ?

On a vu que, primitivement, dès qu'il fut question de spectacles du soir, les chandelles et les lampes à huile furent d'abord employées. Les chandelles surtout constituaient vraiment un éclairage très imparfait ; et la fonction du « moucheur de chandelles » n'était pas alors une sinécure. Il devait « faire vite », sous les plaisanteries et les huées du parterre.

Jusqu'à la Régence du duc d'Orléans, les chandelles ou lampions subsistèrent, posés le long de la rampe.

Des *lampions*, il reste encore le souvenir du rythme monotone sur lequel les spectateurs impatientés frappent le parquet, pour réclamer le lever du rideau.

Ce fut le financier Law qui substitua, à ses frais, la bougie de cire aux chandelles de suif de l'Opéra.

Une soixantaine d'années plus tard, sous Louis XVI, le *quinquet* d'Argant fit sa première apparition au Théâtre-Français.

L'éclairage à l'huile n'eut guère plus de succès ; à l'inconvénient du suif qui fumait et qui coulait succéda l'inconvénient de lampes qui éclairaient mal et qui, lorsqu'on les « poussait », se mettaient à fumer, elles aussi.

Aussi quand, en 1822, le gaz se substitua à tous ces éclairages de fortune, ce fut un grand progrès. On put enfin éclairer à peu près convenablement la salle et surtout la scène, où l'on distinguait mal, avec les anciens systèmes, acteurs et décors.

Mais ce nouvel éclairage n'avait pas été installé sans peine. Un premier essai avait échoué, en 1820. C'est alors que Louis XVIII, qui avait apprécié en Angleterre la nouvelle lumière, envoya M. de la Ferté, intendant, étudier son fonctionnement dans les théâtres de Londres.

Au retour de cet intendant, on installa le gaz à l'Opéra ; et il y eut de nombreux éloges.

Toutefois, le gaz d'éclairage ne constituait pas encore l'idéal. Il offrait surtout de nombreux dangers ; et les théâtres brûlaient alors comme de simples châteaux de cartes. Puis, était peu « maniable ».

La lumière électrique n'eut pas de peine à le détrôner en 1881, quand l'Exposition d'Electricité mit ce nouveau mode d'éclairage —. c'est le cas de le dire — « en pleine lumière ». Les risques d'incendie ne sont pas supprimés, certes ; et il y a à craindre toujours ce qu'on appelle un *court-circuit* ; mais ils sont assurément bien diminués. Et, au point de vue de la lumière, l'électricité donne des résultats, on le sait, merveilleux.

Comment donc alors s'éclaire actuellement la scène ? Eh bien, au moyen de la *rampe*, des *herses*, des *portants* et des *traînées* ; et la salle, au moyen du *lustre* ou de *plafonds lumineux*.

Les lampes à huile, ce vestige du passé, que vous voyez encore allumées dans les couloirs de dégagement et les escaliers, sont placées là uniquement, par ordre de police, au cas où l'électricité ferait subitement défaut.

La *rampe* est la rangée de lumières, abritée sous un demi-couvercle de tôle à réflecteurs, qui sépare l'orchestre de la scène.

Les *herses* sont des cylindres en tôle pleine du côté des spectateurs, en tôle grillagée du côté du *lointain*. Elles renferment une rangée de lampes électriques. Elles sont suspendues par des fils métalliques. Leur manœuvre, ainsi que l'indique la figure ci-contre, se fait, pour les *charger* ou les *appuyer*, au moyen de contre-poids. En général, il y a une herse par plan.

Les *portants* sont des montants en bois sur lesquels sont fixées des lampes électriques. A leur partie supérieure, il y a un crochet qui permet de les accrocher à une traverse ou à un mât. On les déplace à volonté, pour éclairer telle ou telle partie du décor.

Les *traînées* enfin sont des portants également, placés par terre, derrière un petit châssis de terrain qu'on utilise. On éclaire ainsi des parties de décor dans le noir.

Depuis qu'on utilise l'électricité, on peut dire que l'art du décor de théâtre s'est développé dans des proportions considérables. A volonté, maintenant, on fait le jour et la nuit, avec toutes les nuances de la lumière soit solaire soit lunaire. On varie à l'infini les aspects mêmes

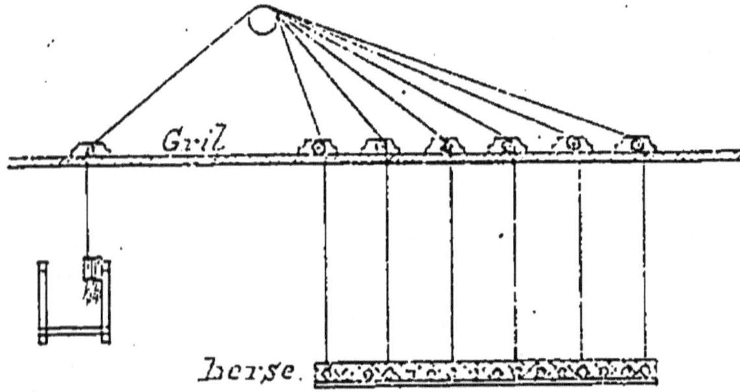

Fig. 46. La manœuvre d'une herse.

d'un seul décor : ici, on le plonge dans le soleil ; là, on le met dans l'ombre. Et l'on obtient toutes les gammes, je le répète, tous les tons, toutes les couleurs. La Loïe Fuller, aux Folies-Bergère et dans d'autres salles de spectacles, s'est chargée de faire connaître à la foule toutes les ressources colorantes de l'électricité.

Entrez un jour dans les coulisses d'un théâtre et vous serez émerveillé en voyant les *jeux d'orgue lumineux*, d'où partent tous les rayons de lumière, sous la manœuvre de l'électricien.

Les décors une fois plantés, le décorateur les met au point sous l'arrivée de la lumière électrique.

C'est la dernière retouche avant le lever définitif du rideau.

CHAPITRE XLI

Les décors au Kunstler Theater

—

Où l'on verra, grâce surtout à la lumière électrique, une nouvelle façon de « comprendre » le décor de théâtre. Le Kunstler Theater de Munich offre un exemple original et saisissant.

M. J.-J. Martin a publié un jour, dans le *Journal des Débats*, un curieux article consacré au Kunstler Theater de Munich. Je demande à cet écrivain notoire la permission de citer presque en entier cet article, où l'on pourra, peut-être, puiser quelques enseignements. On aura ainsi une nouvelle manière de « comprendre » l'éclairage et les décors. Après quelques considérations préliminaires, M. J.-J. Martin écrit donc ceci : « Le Kunstler Theater (qui a deux ans d'existence, au mois de septembre 1909) est une réaction contre tous les théâtres inutiles, les coulisses et les soffites, les défilés historiques, les reconstitutions pénibles et plus ou moins exactes, l'invasion de toute la machinerie qui opprimait le drame, pour en faire une représentation d'apparat : c'est une révolution dans le décor du bon goût et de la simplicité contre le maquillage et le fatras ».

Et M. J.-J. Martin constate d'abord que l'exemple du théâtre de Bayreuth a perverti tous les théâtres allemands. Partout, dit-il, on a voulu « reconstituer presque intégralement la réalité immense et multiple de la nature et de la vie, construire des villes de carton et faire défiler des régiments entiers ». Certes, tentatives simplistes et mégalomanes qui aboutissent souvent au mauvais goût et au ridicule.

Toutefois le Kunstler Theater a pris dans certains théâtres ce qu'ils avaient de bon : suppression des loges de côté et disposition d'un parterre en amphithéâtre.

Première remarque : au Kunstler Theater, la scène n'a pas plus de cinq à six mètres de profondeur. Et cela conduit l'auteur de l'article à écrire :

« La première conséquence est que tous les acteurs sont situés dans un même plan : du moment qu'un auteur met en scène plusieurs personnages, c'est qu'ils méritent tous notre attention : la place d'un personnage inutile est hors de la scène. Tous les autres doivent être au premier plan : le drame, cette stylisation de la vie, ne peut connaître les demi-réalités, les demi-valeurs : aucun des personnages mis en scène ne doit passer dans la pénombre de notre inattention pour devenir un homme décor.

« Nous gagnerons en plus d'éviter ces fautes de perspective qui choquent si souvent sur

les scènes les mieux truquées. Pour donner
l'impression de l'éloignement, on rapetisse les
objets qui forment l'arrière-plan ; malheureuse-
ment on ne peut rapetisser dans les mêmes proportions l'acteur qui semble grandir à mesure
qu'il s'éloigne et finit par dominer de la moitié
du corps une porte par où il est supposé pouvoir passer ».

Je tiens à citer dans tous ses développements
l'article en question ; et je le fais sans longs
commentaires personnels. Pour ce dernier para-
graphe reproduit ici, qu'il me soit cependant
accordé de dire qu'il est très facile d'obvier à
l'inconvénient optique que signale M. J.-J.
Martin. C'est une simple affaire de « truquage »,
dont nos peintres-décorateurs se tirent aisément.

La remarque suivante a plus de portée :
« La scène peu profonde met en relief la personne des acteurs : elle donne aussi du relief
à la voix qui ne va plus se perdre dans l'arrière-scène et de là dans les coulisses, mais est
projetée dans la salle avec toute son intensité
et toutes ses nuances : on entend comme dans
une chambre d'appartement. Ce simple fait
permet de fournir les impressions les plus
fortes : Je prends comme exemple la scène de
la cathédrale dans *Faust* : Marguerite agenouil-
lée, prie et lutte contre le mauvais esprit :
celui-ci est caché et parle à voix basse ; il chu-
chote à peine et pourtant tous les mots arrivent

distinctement jusqu'au fond de la salle. Sa voix
finit par sembler quelque chose d'immatériel,
d'irréel ; ce n'est plus celle d'un démon caché
dans la coulisse : c'est comme une émanation
de l'âme de Marguerite. Le dialogue de deux
personnes, l'une visible et l'autre cachée, devient la lutte d'une âme contre son esprit, ou
mieux encore d'une âme contre elle-même ».

Mais si le personnage est mis en relief, ne
perdra-t-il pas ce relief sur une scène étroite
et peu profonde, dès qu'on « plantera » le
décor ? Et sera-t-on réduit, pour ne pas com-
pliquer le décor, à ne représenter que des intérieurs peu encombrés, à renoncer au plein air,
aux horizons lointains ?

La façon dont est construite la scène permet
d'éviter tous ces graves inconvénients.

« D'abord, détaille M. J.-J. Martin, c'est le
proscenium ou avant-scène, sous lequel se
trouve l'orchestre, invisible comme l'usage s'en
établit de plus en plus en Allemagne. Ce proscenium est flanqué de deux tours massives sans
couleur et sans caractère, garnies d'une porte
et d'une fenêtre, qui, peu éclairées, limitent la
scène sans attirer sur elles l'attention du spectateur. La partie supérieure de ce premier cadre
est aussi neutre et sans ornement. Le proscenium ne sert que si la scène moyenne est en-
vahie par un décor : sinon c'est celle-ci qu'occupent les acteurs et c'est avec elle que *commence
la véritable originalité du décor*. Comme le

proscenium, elle est surmontée d'un cadre rectangulaire ; mais ce cadre est à *dimensions variables.* Les deux montants latéraux peuvent s'éloigner ou se rapprocher, et la partie supérieure qu'ils supportent, s'élever ou s'abaisser. Veut-on représenter un plein air, on élargit le cadre ; veut-on, au contraire, représenter le cachot de Marguerite *(Faust)*, on le rétrécit. En rapprochant complètement les deux montants latéraux, on limite seulement la scène en profondeur ; et comme l'opération se fait très rapidement, on peut, en quelques secondes, transformer un plein air en appartement. Enfin, chaque montant rapproché peut porter n'importe quel décor, rue, maison, palais... Et grâce à ce cadre mobile, les combinaisons les plus diverses peuvent être obtenues instantanément. On réalise sans entr'actes et sans machinerie compliquée de véritables tours de force : représenter une féerie de Shakespeare devient un jeu d'enfant.

La disposition de l'arrière-scène est aussi ingénieuse que celle de la scène moyenne. C'est grâce à elle que l'on donne l'illusion du lointain, avec une perfection que l'on n'attendait guère d'une scène aussi peu profonde. Elle consiste essentiellement en un plancher qui est large d'un mètre et mobile dans le sens de la hauteur : abaissé au-dessous de la scène, il creuse entre la scène moyenne et le fond un vide suffisant pour donner l'illusion des horizons les plus lointains. Au niveau de la scène, il donne l'impression de la continuité. Surélevé, il peut représenter une route, un haut relief... Enfin, comme décor de fond, le Kunstler Theater possède seulement quatre toiles qui s'enroulent sur les côtés. Et c'est tout : ni magasins remplis comme des arsenaux, ni appareils compliqués, cachés dans les coulisses, ni décors tournants : toute la machinerie est sur la scène.

Certes, nous voilà loin des dispositions adoptées par tous nos théâtres ; et MM. Carré et Antoine, les maîtres ès mises en scène souriraient en lisant ce texte... révolutionnaire. Aussi l'auteur, sur ses gardes, ajoute-t-il prudemment :

« Voilà des procédés bien primitifs et qui nous ramènent aux décors de Shakespeare ; il n'est pas étonnant que le drame conserve toute sa dureté, s'il est joué avec une absence aussi totale des procédés trouvés par la technique moderne. Ce serait une grave erreur de croire que le but du Kunstler Theater est le retour au théâtre rudimentaire et primitif. Deux éléments en font une scène moderne : *un emploi ingénieux de la lumière et une conception nouvelle du décor* qui donne à la pièce un cadre digne d'elle sans altérer son caractère d'œuvre avant tout littéraire ».

Voyons d'abord le rôle considérable joué par la lumière, dans la mise en scène, et examinons avec M. J.-J. Martin les quelques innovations originales et heureuses apportées par les créateurs du Kunstler Theater : « Tout d'abord la rampe est supprimée, ou plutôt on ne s'en sert qu'exceptionnellement et toujours avec une lumière très faible. La rampe avait sa raison d'être au temps où l'on ne disposait pas de lumière assez forte pour éclairer suffisamment la scène. Mais aujourd'hui que nous avons la lumière électrique, pourquoi conserver obstinément ce procédé barbare, qui change complètement l'aspect des acteurs, les force à se grimer et leur donne malgré tout cet air de « théâtre » si conventionnel et si faux ? On ne se sert de la rampe au Kunstler Theater que dans des cas très rares, où elle peut produire un effet extraordinaire. C'est ainsi que sa lumière hozirontale imite d'une façon surprenante les lueurs rosantes de l'aurore. Une scène de magie, l'intérieur d'un bouge, un cachot éclairés par une rampe invisible et peu lumineuse prennent un caractère mystérieux et anormal qui surprend, parce que l'œil n'y est pas habitué par un emploi constant.

« La rampe n'est donc qu'un élément accessoire dans l'éclairage de la scène ; et la lumière vient d'en haut ».

Mais, seconde originalité, il n'y a pas qu'une source de lumière ; il y en a deux :

« L'une éclaire la scène moyenne, c'est-à-dire en réalité le premier plan ; l'autre, l'arrière-scène, c'est-à-dire les lointains. Chaque foyer possède une gamme complète d'intensités et de couleurs. Ces deux principes, lumière plongeante et double foyer, permettent les combinaisons les plus diverses, les effets les plus imprévus et par moments les plus vrais, que les cartonnages les mieux construits ne nous procurent pas, ne peuvent pas nous procurer. Une lueur rougeâtre venant d'en haut nous donne ce que nous ne voyons jamais dans nos théâtres, où l'on joue tant de scènes d'intérieur, *une lumière d'appartement*. La division de l'éclairage en deux sources permet des effets de contraste que l'on voit seulement dans la nature. Ainsi dans le premier acte du *Songe d'une nuit d'été*, un des montants de la scène moyenne coupe la vue en deux parties : d'un côté, l'intérieur du palais de Thésée, de l'autre, une échappée sur la campagne attique. La scène moyenne est éclairée par une lumière rose et douce, celle d'une chambre vers midi ; l'arrière-scène par une lumière bleue intense qui tombe sur le décor de fond et donne non seulement une sensation de soleil, mais encore d'un soleil de pays chaud, aveuglant et brûlant ».

« Le « Prologue dans le Ciel », de *Faust*, nous offre encore une de ces débauches de lumière. L'impression de divin est donnée par ce simple procédé : la toile de fond est éclairée à outrance sur les blancs les plus divers et les plus étincelants, et devant, sur leurs ailes de bronze, se tiennent immobiles, le glaive en main, trois archanges énormes, formidables et noirs ».

Evidemment, il est possible de réaliser avec l'électricité quelques-uns des rêves de la peinture. Mais que devient, dans ces conditions, au Kunstler Theater, précisément, le rôle du décorateur ?

M. J.-J. Martin, interrogé, nous répond :

« Le décorateur a son rôle singulièrement facilité : il peut se permettre les simplifications, les plus hardies, les stylisations les plus inattendues. La décoration ne se réduit plus aux décors, et le rôle de ceux-ci est surtout d'accrocher de la lumière, d'exciter l'imagination du spectateur, d'amorcer sa fantaisie. Nous avons déjà vu comment on peut représenter le ciel avec une toile blanche et trois archanges. On donnera une impression, sinon complète, du moins très suffisante de Venise de la façon suivante : au fond, une toile, représentant le ciel et la mer ; par devant, une balustrade de marbre ; au milieu de la scène, une longue colonne blanche qui se fond dans la lumière. C'est tout, et cependant on se sent à Venise. La lumière et l'imagination font le reste, et le spectateur partage un moment le plaisir de l'artiste : celui de créer lui-même ce qu'on lui laisse à créer.

« Avec ce système, on peut représenter un palais avec une colonne et une tenture, un port avec un poteau et une barque ; Athènes, avec dix gradins en amphithéâtre ; une forêt, avec trois ou quatre arbres. Voici, en effet, au deuxième acte du *Songe d'une nuit d'été*, la forêt la plus mystérieuse et la plus profonde : Par devant, un tertre de gazon, caressé par un clair de lune violet ; sur la limite extrême de la scène moyenne, trois gros troncs d'arbre éclairés par un faible reflet venant de la rampe ; derrière les arbres, les ténèbres où la vue cherche d'autres troncs d'arbre se suivant à l'infini, et tous les mystères d'une forêt enchantée : total comme décors : trois troncs et un tertre ».

Ah ! Nous sommes loin de nos décors actuels si encombrés, si chargés ! « Le principe, ajoute M. J.-J. Martin, est donc de ne présenter au spectateur que ce qui est « représentatif », de débarrasser la scène de tous les accessoires que peut fournir un réalisme simpliste et enfantin. Ne mettre en relief que les éléments importants : c'est ainsi que l'on arrive à donner une âme aux choses. Dans les *Revenants*, le décor ne présente rien de remarquable, sinon une fenêtre démesurément large ; c'est à cette fenêtre que paraît la lueur rouge de l'incendie au deuxième acte. Plus tard, pendant qu'Oswald raconte à sa mère les premiers symptômes de son mal, le jour, qui baisse, ne laisse plus entrer qu'une lumière obscure, où l'on croit voir flotter les draperies vagues et blanches des fantômes. Et c'est enfin par elle que le soleil éclatant jaillit à la fin, dernier fantôme et dernière ironie. Elle symbolise à la fois les Revenants et l'Idéal. Cette fenêtre a une âme et joue un rôle ».

Je dois remarquer que c'est là beaucoup de subtilité pour le public. Il ne faut pas lui faire crédit de tant d'intelligence. Imperturbable, M. J.-J. Martin continue : « Le même principe de simplification symbolique servira dans la composition des foules. Comment représenter une foule ? Chacun sait par expérience combien c'est difficile, pour avoir vu au théâtre ces foules désordonnées et hurlantes de gens mal déguisés, qui, malgré l'exagération de leur mimique, donnent l'impression de comique et de « raté ». Au Kunstler Theater, on stylise les foules en fresques et en bas-reliefs. Je m'explique : le peintre Hodler, dans sa *Retraite de Marignan*, nous présente en tout sept hommes se détachant sur un fond de bataille ; un seul, qui se retourne et brandit sa hallebarde, suffit pour suggérer l'idée de la retraite. Et cependant, on est *forcé* d'imaginer la déroute de toute une armée. Il est donc possible avec un arrière-plan habilement choisi de faire une foule avec quelques hommes : tel est le principe de la foule en fresque. Pour obtenir le bas-relief, on resserrera dans un espace étroit une vingtaine de personnages, de manière à les mettre tous sur le même plan. Au troisième acte de *Judith*, le peuple de Jérusalem est rassemblé derrière les remparts ; deux mètres devant ces remparts s'étend un mur bas ; dans l'intervalle, s'agite une foule bariolée composée peut-être de vingt hommes. Et ce programme simple nous donne l'impression d'un bas-relief romain, colorié par Véronèse ».

Qu'a-t-on donc voulu en simplifiant ainsi le décor ? L'auteur nous l'explique très complètement : « Libérer le décor de la machinerie, donner une expression symbolique du lieu qui serve d'excitation à la fantaisie, fuir le réalisme par crainte du ridicule : tels sont les principes de cette nouvelle méthode de mise en scène. — Et l'on arrive à un décor sobre, parfois puissant, qui n'étouffe pas le drame, mais lui rend au contraire toute sa valeur, qui met « en relief » l'œuvre littéraire.

« On voit d'ici toute l'importance de cette réforme : elle permet de jouer, sans frais considérables, sans entr'actes fastidieux, des œuvres aussi complètes que le *Faust* de Gœthe, ou les féeries de Shakespeare en leur laissant leur originalité. Il semble même que ce changement dans la technique du théâtre peut provoquer une transformation de la forme littéraire elle-même : elle libérera l'écrivain du souci de la mise en scène, lui permettra plus de fantaisie et peut-être que disparaîtront les derniers restes de la vieille unité de lieu qui persiste toujours en partie, parce qu'elle est conditionnée par une nécessité matérielle : celle du décor. — Le Kunstler Theater rend à l'artiste sa liberté ». ·

Et voilà une sorte de révolution dramatique qui a peu de chance de réussir en France. Nous, nous voulons toujours des décors plus chargés, plus compliqués. Et cela à tort ou à raison. Car, s'il y a eu des « miracles » au Kunstler Theater, que dirige avec tant d'autorité M. Georg Fuchs, il y a eu aussi des « miracles » — avec plus de frais, je l'entends bien — sous les directions Antoine et Albert Carré.

On peut défendre l'un et l'autre point de vue. J'ai tenu simplement — pour l'intérêt de ce petit livre — à exposer, d'après M. J.-J. Martin, une manière toute différente de la nôtre de « comprendre » le décor.

Et il reste encore bien d'autres manières.

CHAPITRE XLII

Les décors au théâtre du Prince Régent

—

Une autre façon, à Munich même, de « comprendre »
décors et mise en scène. A l'opposé extrême du
Kunstler Theater.

J'ai eu bien raison d'écrire qu'il y a beaucoup
de manières de comprendre les décors et la
mise en scène.

A Munich même, à côté du Kunstler Theater,
dont j'ai exposé, dans le chapitre précédent, la
simplicité originale, s'élève le théâtre du Prince
Régent, qui est, quant à sa « machinerie »,
d'une complication inouïe : bien qu'à l'extérieur, il ressemble plutôt et fâcheusement, grâce
aux efforts combinés des architectes Heilmann
et Littmann, à une sorte de sanatorium.

Il est vrai qu'il s'agit cette fois d'un vaste
théâtre lyrique, où l'on joue les grandes œuvres
de Richard Wagner, et ainsi on peut expliquer
en partie les vastes dégagements et emplacements qui caractérisent cette salle de spectacle,
la rivale directe de la salle de Bayreuth.

Ici encore, comme au Kunstler Theater, il
n'y a pas de loges latérales. Tous les spectateurs sont placés en amphithéâtre et face à la

scène. Les seules loges sont des loges de face et elles sont placées en arrière.

M. Charles Joly décrit avec enthousiasme cette célèbre salle de spectacle en la proposant comme exemple pour un Théâtre lyrique à construire en France :

« Grâce, écrit-il, aux encadrements successifs qui descendent en se rétrécissant du haut en bas de l'amphithéâtre ; grâce à l'avant-cadre de rampe, situé entre l'orchestre et le premier rang des fauteuils, et un peu plus large que le cadre de scène encore rétréci par le manteau d'Arlequin ; grâce enfin à la lumière qui vient du fond de la scène, tandis que la salle reste dans l'obscurité, il se produit un curieux phénomène d'optique qui recule le centre du décor, fait paraître les personnages plus grands que nature et aide puissamment à l'illusion dramatique ».

Et, commentant les dispositions de la scène, il ajoute :

« On y voit que l'espace consacré à la scène est infiniment plus vaste en hauteur, en largeur et en profondeur, que celui de la salle, et il n'en pouvait être autrement. Les nombreux changements à vue de la mise en scène moderne qui ne peuvent s'obtenir qu'en faisant disparaître instantanément par en haut les frises d'air, les toiles transparentes des nuages, voire même des décors entiers, par en bas des massifs de rochers et des groupes de personnages, im-

posaient la nécessité d'élargir et de surélever
la partie du bâtiment consacrée à la scène, et
d'en creuser les fondations où s'enfoncent
d'énormes trappes.

« Quant à l'installation de la machinerie, elle
est absolument merveilleuse. Les décors, les
portants, les praticables se placent et s'enlèvent
en un clin d'œil à l'aide d'innombrables cordages qui font ressembler le cintre à une immense toile d'araignée, mais qui, étiquetés,
numérotés, et roulant sur des poulies, sont mis
en mouvement par un système mécanique que
des hommes, installés sur les ponts de scène,
tels des aiguilleurs, font fonctionner à l'instant
précis ».

Le système d'éclairage électrique si parfait,
selon M. Charles Joly, qu'il permet tous les effets
de lumière et particulièrement les « gradués » et
les « fondus » lui fait encore écrire :

« Nous ne saurions trop louer la perfection
avec laquelle sont ménagées les altérations
successives de la lumière, nous menant sans
brusquerie du demi-jour au plein soleil, ou du
plein soleil au crépuscule. C'est que la scène
n'est plus éclairée par des feux de rampe, mais
par une lumière diffuse se répandant des herses
du cintre par des appareils spéciaux qui la font
chatoyer entre les portants. En outre, le disque
solaire est toujours invisible de la salle, il
rayonne des coulisses ; et la lumière apparaît
d'abord au fond de la scène, pour s'avancer

progressivement vers la rampe, de manière à
ne pas éblouir les yeux' ».

Et M. Charles Joly de conclure, catégori-
quement :

« Comme nous voilà loin du quinquet du
Prophète, et combien il nous serait difficile
aujourd'hui de supporter les fantaisies de l'ancienne météorologie théâtrale qui nous plon-
geait quelquefois dans la nuit noire, ou nous
crevait les yeux de lumière sans que l'on ait
jamais pu deviner pourquoi ».

Au lecteur, de se faire une opinion. Il a à
choisir entre la formidable complication, à
peine esquissée, du théâtre du Prince Régent
et la simplicité « artiste » du Kunstler Theater.
Il serait curieux à ce sujet d'interroger un
dilettante de la ville même de Munich.

CHAPITRE XLIII

Décors ininflammables

—

Comme il est établi que l'éclairage électrique peut, par un court-circuit, allumer l'incendie, peut-on rendre les décors incombustibles ? Emploi de substances chimiques. Avantages et inconvénients.

Le théâtre étant, par définition, le lieu d'élection de l'incendie, on a songé, à côté des mesures ordinaires de préservation, à ignifuger les bois, les costumes et les décors.

Pour les bois et les décors — seule matière qui nous intéresse — on préconise la peinture et l'imprégnation avec diverses substances chimiques, au nombre desquelles on peut nommer le chlorhydrate d'ammoniaque, le phosphate d'ammoniaque, ou leur mélange, le silicate de soude ou de potasse, et enfin la peinture sur toile d'amiante avec ses différentes recettes.

Tous ces produits, disons-le tout de suite, rendront le bois et les décors non pas incombustibles, mais *ininflammables* à des degrés divers, — et c'est tout. Et, vraiment, on ne peut exiger plus, quand on songe à la terrible fournaise que constitue le complet incendie d'un théâtre.

D'autre part, l'emploi des substances que nous venons d'énumérer offre bien des inconvénients d'un autre ordre.

Elles raidissent les décors, en ternissent l'éclat et, en se desséchant, elles fournissent des poussières chimiques qui, ajoutées à toutes les autres poussières qu'un théâtre possède déjà, ne font pas la joie d'un hygiéniste.

Il est vrai que, pour commencer, c'est la plupart des théâtres qu'il faudrait démolir, tant ils constituent à plaisir de véritables foyers d'infection.

Et je ne parle pas des dangers d'incendie. Pour ceux-là, on sait que la Préfecture de police elle-même n'ose plus « mettre le nez » dans certains théâtres où le péril est, chaque jour, imminent.

CHAPITRE XLIV
Les accessoires

—

Les accessoires : tableaux, tables, consoles, etc., doivent être en harmonie avec le décor proprement dit. Tableaux accrochés ou peints.

Il est bien certain que, dans un théâtre qui a quelque souci d'art, les principaux accessoires tout au moins, doivent s'harmoniser avec le décor lui-même.

Si le décor est d'un style déterminé, rien ne sera plus aisé que de lui trouver *ses* accessoires ; et l'*effet* en sera considérablement augmenté.

Même chose si le décor n'a pas de style, s'il *date* seulement d'une époque bien précise : deux ou trois accessoires typiques ajouteront encore à l'impression produite.

Pour une œuvre dramatique notoire, importante, il faut écarter les à peu près. Un trône ridicule, par exemple, dans une architecture très réussie de salle royale, serait la chose laide que l'on verrait toujours.

Il convient aussi d'accrocher aux murs de vrais cadres ; de placer sur les cheminées, s'il y a lieu, de vraies pendules ; et de faire en sorte

que les portes s'ouvrent et se ferment, comme
dans un appartement, naturellement.

Il faut laisser aux médiocres théâtres le men-
songe peint, la « camelote » des accessoires.
Leur public habituel, déjà frappé d'imbécillité
par la niaiserie des pièces représentées, ne songe
pas alors à réclamer des accessoires vrais.

En résumé, vrais tableaux, vraies pendules
pour une œuvre de M. de Curel ; pendules en
carton et tableaux peints avec le cadre à même
sur les murs pour une pièce de M. X... au
théâtre des Nouveautés ou à Cluny.

CHAPITRE XLV

Répétitions dans les décors

—

De la nécessité de répéter une dernière fois dans les décors. Une optique particulière.

Tous les acteurs savent quelles hésitations plus ou moins longues ils éprouvent parfois quand, ayant répété souvent pendant un mois la même pièce, on la leur fait répéter pour l'avant-dernière ou dernière fois en costumes.

Si, par surcroît, ladite pièce est une pièce historique, qui oblige à porter cuirasses, casques, rapières ou pourpoints d'un autre âge, alors, pour presque tous les interprète la gêne est réelle et il y a, dans leurs répliques, soudainement, un peu de « cafouillage ».

Puis, tout « s'arrange ».

La même « confusion » existe quand on vient de planter pour la première fois les décors.

Je ne veux pas dire seulement que les accessoires vrais, qui remplacent *pour de bon* les accessoires représentés, au cours des répétitions, par des objets quelconques, désorientent le jeu des acteurs. Non ! Je fais mieux allusion au cadre plus resserré (aux répétitions, on use souvent d'une grande partie de la scène), à tous les détails du décor qui ont l'air maintenant de suivre les mouvements des interprètes, d'entendre leurs répliques et de les déterminer. Les acteurs sensibles (je sais que l'espèce en est rare !) n'échappent pas à cette emprise dominante. Il y a une optique particulière pour chaque décor mis en place. Il faut avoir le sens des distances ; et bien peu d'acteurs, malgré les répétitions préliminaires se rendent compte des répliques qu'il y aura à dire pour arriver jusqu'à une porte ou pour aller tomber, sur un dernier mot, dans un fauteuil.

Puis, enfin cette dernière répétition est nécessaire pour le peintre-décorateur lui-même.

C'est là qu'il peut voir tout l'*effet*, avec les accessoires, les costumes, les jeux de scène. Souvent, au dernier moment, il devra placer ici une bande de terrain, assombrir ou éclaircir un ton, empêcher qu'un acteur arrive tout au bord de sa toile de fond. S'agit-il d'une féerie et a-t-il à encadrer des théories de naïades ? Il devra peut-être harmoniser ses eaux avec des cheveux blonds.

Et enfin, les répliques bien dites alors dans le « mouvement », il s'ingéniera peut-être, pour s'associer tout à fait à l'œuvre, à refaire encore des retouches, dans l'intérêt même de sa réputation.

Les beaux décors sont de gros atouts pour le succès.

———

CHAPITRE XLVI
Qualités d'un beau décor.

—

Les qualités d'un beau décor. Dès le lever du rideau, on doit les apercevoir aussitôt. Ce qu'on découvre après ne compte guère.

Un beau décor doit produire tout son *effet*, dès le lever du rideau. Pour le spectateur placé bien en face, dans l'axe du trou du souffleur, il doit apparaître d'ensemble, en une minute, avec tout son dessin, tout son coloris.

S'il faut détailler le décor pour en découvrir les beautés, il est *mauvais* par définition. Car, dès que la première réplique est lancée, le décor doit passer au second plan et il ne doit plus compter que comme cadre.

J'ajoute que ce cadre, s'il est beau, révélera par la suite, au gré de l'éclairage électrique, des *effets* insoupçonnés ; mais on les verra toujours au travers du premier aspect d'ensemble dévoilé au lever du rideau. Le décor, diversement éclairé, peut être beau *autrement*, mais son premier aspect contenait les éléments de sa nouvelle beauté.

On pourrait, certes, écrire toute une psychologie du décor ; mais ce serait sortir des limites de ce petit livre.

Qu'il nous suffise pour l'instant de dire qu'il est aussi difficile d'illustrer une pièce que d'il-

lustrer un livre. Sans doute, les illustrateurs-
décorateurs, des deux parts, abondent ; mais

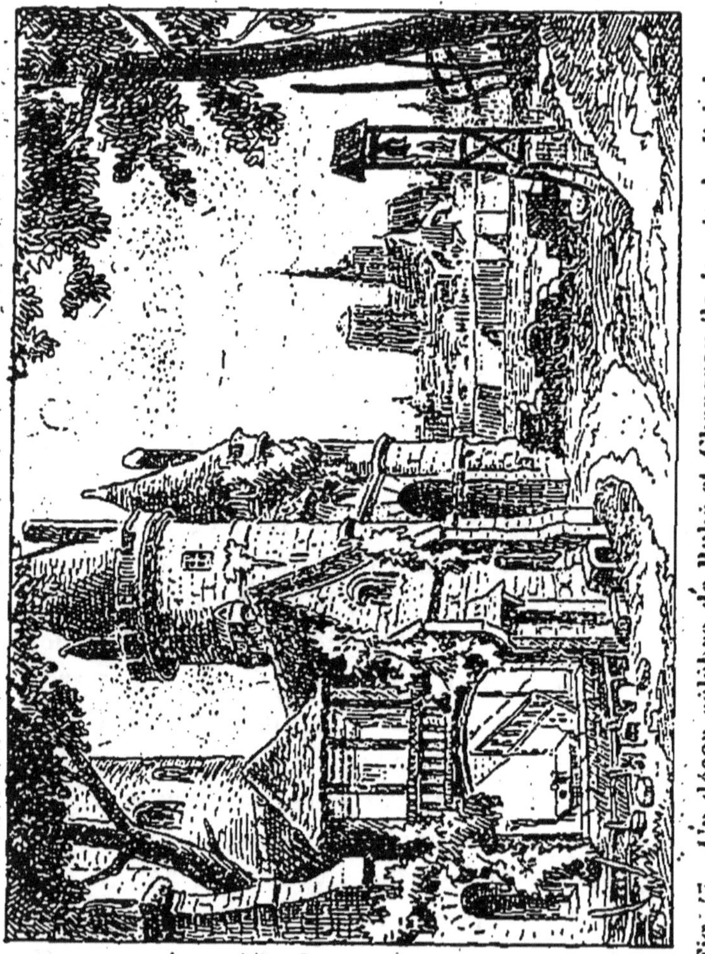

Fig. 47. — Un décor célèbre de Rubé et Chaperon (le 4ᵉ acte du *Roi s'amuse*, à la Comédie-Française).

combien peu font œuvre louable, et combien,
au contraire, traitent la décoration comme on
traite la confection dans les grandes boutiques

de palétots pour bourses médiocres. Il est vrai
que beaucoup de directeurs-mercantis ne veu-

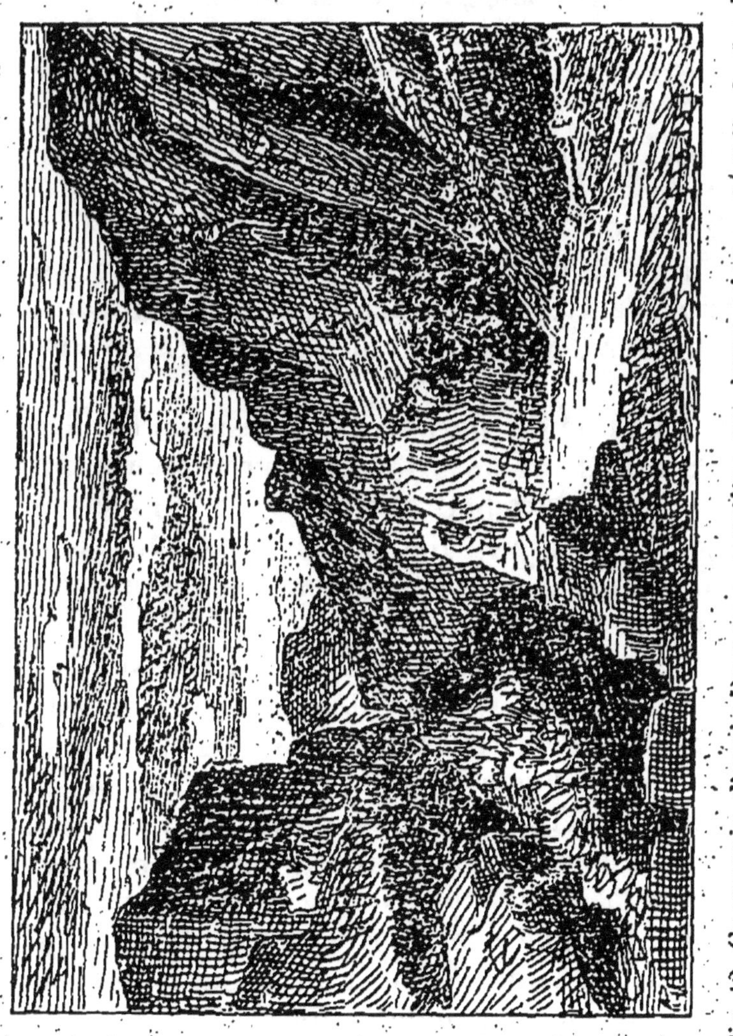

Fig. 48. Ce croquis, d'après Decamps, constitue une impressionnante toile de fond.

lent que des décors au rabais. Il n'y a pas
alors de spectacle plus laid.

CHAPITRE XLVII

Un théâtre d'amateurs

Un théâtre d'amateurs. Comment on peut le constituer avec peu de frais.

En appliquant la forme simple et portative du paravent à la construction d'un petit théâtre d'amateurs, on obtient un résultat très satisfaisant.

Un seul de ces paravents à plusieurs feuilles (6 à 8 par exemple) suffit pour la représentation de la plupart des petites comédies ou proverbes de salon. Si l'on a deux paravents : un salon et un jardin, on peut jouer des pièces très variées.

Si l'on veut, d'ailleurs, appliquer sur les feuilles de ces paravents quelques châssis légers garnis de toiles et recouverts de papier peint, ou badigeonné plutôt par quelque décorateur-amateur, on pourra varier, autant qu'il peut être nécessaire, les décorations principales.

Pour la disposition d'ensemble, c'est très simple : on place les paravents au fond d'un salon ou d'une galerie, et l'on a soin de laisser à l'entour un dégagement qui servira de coulisses et facilitera l'entrée et la sortie des personnages par les portes pratiquées dans la décoration. La figure ci-dessous indique le développement partiel dudit paravent.

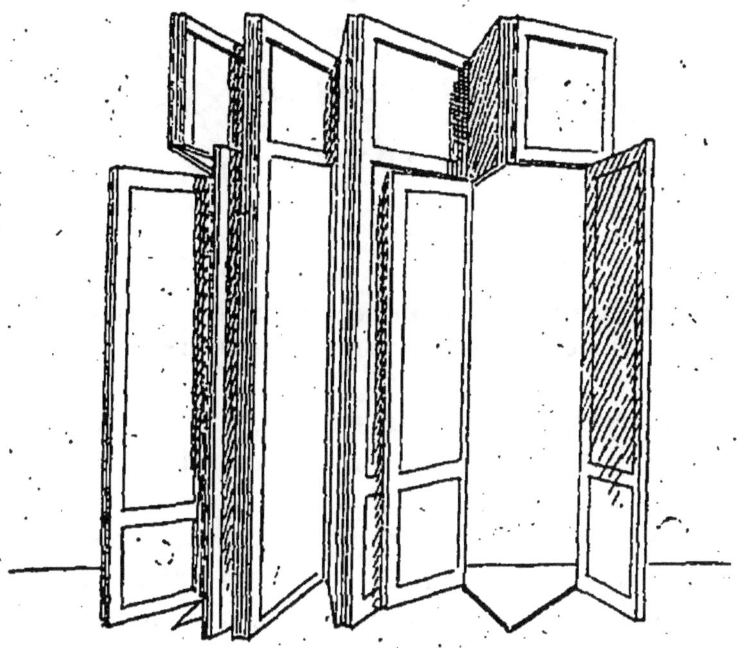

Fig. 49. Un petit théâtre d'amateurs constitué avec un paravent à plusieurs feuilles. Elles sont ici repliées.

Enfin, le dégagement et l'ouverture de la scène seront masqués au moyen de deux grands rideaux, qui, fixés par des anneaux à une tringle transversale, s'ouvriront grâce à un jeu de poulies ordinaires.

QUATRIÈME PARTIE

CHAPITRE XLVIII

Les salaires

Ce que gagnent généralement les divers artistes
employés à la fabrication des décors.

Le métier, dans son ensemble, est, comme je
l'ai dit dans des pages précédentes, assez
pénible.

Certes, celui qui, tranquillement, prépare
une maquette, très posément assis devant une
table, celui-là n'est pas autrement à plaindre.

C'est, en somme, une occupation amusante
dès que l'on a acquis une certaine adresse.

Mais il n'en va pas de même pour ceux qui
sont obligés d'être sans cesse en mouvement
pour imbiber à chaque instant leurs balais.

Ceux-là vont et viennent sur la toile, et ils
font pas mal de pas dans toute une journée.
Ceux qui collent le filet ont encore une certaine
fatigue à dépenser.

Les peintres-décorateurs en renom, en comptant l'homme qui prépare les couleurs, qui

surveille les feux, en comptant aussi d'autres
aides secondaires, occupent environ une trentaine, une quarantaine de praticiens dont les
salaires varient suivant leur capacité. Le chef
d'atelier, celui qui remplace le patron, lorsque
celui-ci est en voyage, est payé sur des bases
à part.

CHAPITRE XLIX

Le prix des décors

—

A combien les décors reviennent aux théâtres ?

Il y a des prix généraux pour tous les théâtres, mais il est établi que ces prix varient tout de même suivant l'importance du théâtre.

Il est bien certain que le peintre-décorateur fait une différence entre l'Opéra et les Bouffes-du-Nord, en admettant que ce dernier établissement puisse faire faire des décors au dehors.

Il faut faire entrer aussi en ligne de compte les frais accessoires nécessités pour la meilleure fabrication des décors.

Souvent, en effet, auteur, directeur et décorateur vont se rendre compte par eux-mêmes du décor-type situé en tel ou tel pays en tel ou tel endroit. Ce sont là de premiers gros frais.

Ainsi procèdent les grands metteurs en scène, MM. Antoine et Albert Carré dont j'ai déjà parlé plusieurs fois avec le plus vif plaisir.

Il n'y a pas une pièce à représenter qui ne soit de leur part l'objet de maintes recherches de documents, au premier rang desquels il faut

placer les déplacements dans le lieu indiqué
par l'action. Et non seulement ce sont des

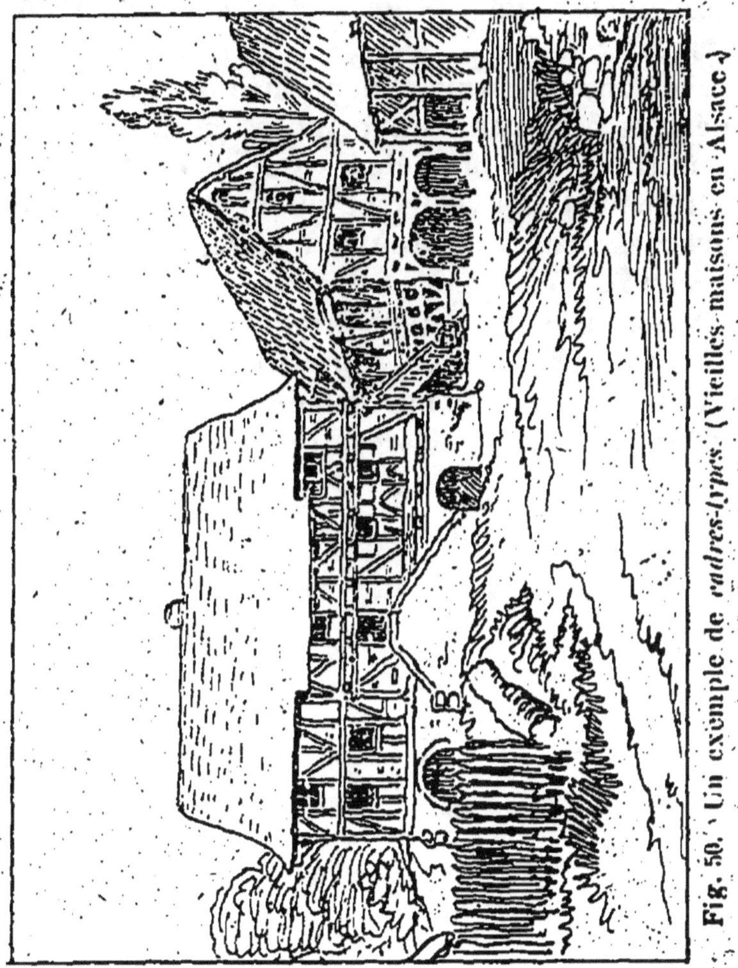

Fig. 50. Un exemple de cadres-types. (Vieilles maisons en Alsace.)

voyages alors pour choisir les *cadres-types*, les
décors absolument appropriés, mais encore ce
sont des voyages pour étudier les êtres dans

les décors une fois choisis. C'est ainsi que M. Antoine, par exemple, nous émotionna longuement en nous reconstituant d'une façon merveilleuse, dans *Ramuntcho*, la vie au pays basque.

En somme, on peut donc dire que, dans les théâtres vraiment importants, les décors reviennent à des prix élevés quand on les crée entièrement nouveaux et qu'on leur applique tous les frais, de toute nature, qu'ils ont nécessités.

Aussi un jeune auteur dramatique, un débutant écoutera un bon conseil en commençant par une pièce qui ne réclame, à exactement parler, ni décors, ni... costumes.

CHAPITRE L

Petits théâtres

—

Les théâtres à petites recettes ont un peintre-décorateur
et un menuisier à l'année.

Dans les théâtres où l'on ne se soucie nullement d'encadrer convenablement les pièces
représentées, on garde à demeure un ouvrier
peintre-décorateur et un menuisier.

Ces deux artisans sont chargés d'un bout de
l'année à l'autre d'entretenir de vieux décors
achetés ici et là, glanés dans des faillites de
théâtre ou *commandés* au début dans un moment de folle prodigalité.

Rien n'est plus simple que de « retaper » un
châssis et de le planter au petit bonheur. S'il
ne « gondole » pas trop, tout va bien. On revisse
les charnières, on l'épaule à grands renforts de
mâts et de fils. Il tiendra bien assez debout
pour finir la pièce qui s'exténue, elle aussi,
fléchissante et convulsive, pour atteindre jusqu'à la trentième représentation.

Y a-t-il besoin de quelques rehauts de couleur ? Faut-il éclairer des lumières, noircir des
ombres ? l'ouvrier décorateur arrive avec sa

palette et, au petit bonheur, lui aussi, il opère, piquant un ton vif, éteignant encore un clair obscur. Le soir, à la lumière électrique, ça ira ! se dit le directeur ; et, de fait, que ne fait-elle pas *aller*, la vive lumière ? C'est grâce à elle que nous prenons quelquefois, dans des théâtres consacrés, des défilés de harengères pour des processions de vierges athéniennes.

Il y a, il est vrai, un petit théâtre très littéraire, très admirable, qui ne réclame pas, lui, pour chaque pièce, un ou des décors nouveaux. C'est du théâtre du Grand-Guignol, sis rue Chaptal, à Paris, que je veux parler. Lui aussi, à chaque changement de programme, il se contente d'appeler un menuisier et un coloriste décorateur. Sa petite scène n'exige pas davantage. Les pièces qu'elle hospitalise sont assez fortement vivantes pour qu'on n'ait pas besoin d'accessoires nombreux. Ce théâtre est un théâtre-type, étroit, minuscule, logé dans un ancien atelier de peintre et l'on ne trouverait pas la place pour une machinerie un peu compliquée. L'intérêt dramatique y supplée à tout.

FIN

TABLE DES ILLUSTRATIONS

TABLE DES MATIÈRES

DEUXIÈME PARTIE

La fabrication des décors

TROISIÈME PARTIE

Equipement des décors

QUATRIÈME PARTIE

BAR-SUR-SEINE, IMP. SAILLARD. — L. GOUSSARD, SUCCʳ

1er Juillet 1926
Les prix sont sans engagements

EXTRAIT DU CATALOGUE

DE LA

LIBRAIRIE ENCYCLOPÉDIQUE
RORET

L. MULO, SUCC^r

12, rue Hautefeuille, 12
PARIS-VIe

Registre du Commerce Paris N° 31.821

Compte Chèques Postaux Paris 654.62

NOUVELLE COLLECTION DE
L'ENCYCLOPÉDIE-RORET

COLLECTION DES MANUELS-RORET

OUVRAGES DIVERS
Sur l'Industrie et les Arts et Métiers

SUITES A BUFFON
Divers. — Bibliothèque des Arts et Métiers

Ce Catalogue est envoyé *franco* sur demande

Voir au verso conditions d'expédition

ENCYCLOPÉDIE-RORET

CONDITIONS D'EXPÉDITION

Tous les ouvrages peuvent être expédiés *franco*
aux conditions suivantes :

Pour la *France* et ses *Colonies,* port 10 0/0.

Pour l'*Etranger*, port 20 0/0,

en sus des prix portés au catalogue.

Les frais de *Remboursement* sont à la charge
du destinataire, aussi nous engageons à joindre
à la commande un mandat-poste ou un chèque
postal :

COMPTE CHÈQUES POSTAUX PARIS N° 654.62

**Les abonnements doivent toujours être accompagnés
de leur valeur**

*Nous nous chargeons de procurer tous ou-
vrages techniques ou industriels et de donner
tous renseignements bibliographiques (Joindre
timbre pour la réponse).*

**Le service régulier du Catalogue sera fait à
toute personne qui en fera la demande.**

Nouvelle Collection de l'Encyclopédie-Roret

Format in-18 Jésus 19 × 12

Les ouvrages précédés d'un astérisque (*) ont été honorés d'une souscription des Ministères du Commerce, de l'Instruction publique et des Beaux-Arts, et de l'Agriculture.

Manuel de l'Agriculteur, contenant : agriculture générale, engrais, aménagements des eaux, labours, semences, machines, agriculture spéciale, industries agricoles, zootechnie, comptabilité, etc., par Louis BEURET et Raymond BRUNET. 1 vol. in-18 jésus orné de 117 fig. 12 fr.

— **de l'Apiculteur Mobiliste,** nouvelles Causeries sur les Abeilles en 30 leçons, par l'abbé DUQUESNOIS. 1 vol. in-18 jésus, orné de 20 figures dans le texte. (*Médaille d'argent* à Bar-le-Duc.) 7 fr.

— **de l'Eleveur de Chèvres,** contenant : description des races, aménagement, soins généraux, alimentation, reproduction, élevage, produits, maladies, etc., par H.-L.-Alph. BLANCHON. 1 vol. in-18 jésus, orné de 12 fig. dans le texte. (*En préparation.*)

*— **de l'Eleveur de Faisans,** contenant : races, faisanderies, nourriture, élevage, maladies, par H.-L.-Alph. BLANCHON, 1 vol. in-18 jésus, orné de 31 figures dans le texte. (*En préparation.*)

— **de l'Eleveur de Poules,** contenant : choix d'une race, installation, hygiène, nourriture, ponte, conservation des œufs, élevages naturel et artificiel, engraissement, maladies, etc., par H.-L.-Alph. BLANCHON. Troisième édition, revue et corrigée. 1 vol. in-18 jésus, orné de 67 figures dans le texte. 9 fr.

— **du Pisciculteur,** contenant : l'exploitation des étangs, lacs, cours d'eau, espèces à introduire, multiplications artificielle et naturelle, culture de l'écrevisse, par H.-L.-Alph. BLANCHON, 2ª édition, revue, corrigée et augmentée de l'Elevage de la Grenouille. 1 vol. in-18 jésus, orné de 65 figures dans le texte. 9 fr.

*— **de l'Eleveur de Pigeons. Pigeons voyageurs,** contenant : races, habitation, tenue du pigeonnier, nourriture et soins, élevage, produits, maladies, règlement, par H.-L.-Alp. BLANCHON. 1 vol. in-18 jésus, orné de 44 fig. dans le texte. (*En préparation.*)

*— de l'Eleveur de Lapins, contenant : races, choix des reproducteurs, élevage, engraissement, alimentation, hygiène, maladies, garennes forcées, législation, etc., par WILLEMIN, 2° édit. 1 vol. in-18 jésus, orné de 24 figures dans le texte.   6 fr.

— Eléments Culinaires (les) à l'usage des jeunes filles, par Auguste COLOMBIÉ. 1 vol. in-18 jésus.   6 fr.

— 100 Entremets, par Auguste COLOMBIÉ. 1 vol. in-18 jésus.   5 fr.

*— de Jardinage et d'Horticulture, contenant : notions générales, multiplication des végétaux, cultures potagère et fruitière, culture d'agrément, ornementation des jardins, etc., par Albert MAUMENÉ, avec la collaboration de Claude TRÉBIGNAUD, arboriculteur. 3e édition. 1 vol. in-16 jésus, orné de 275 figures dans le texte, 900 pages.   18 fr.

— Artichaut et de l'Asperge (de la Culture de l'), par R. BRUNET, ingénieur agronome. 1 vol. orné de 13 fig. dans le texte.   4 fr. 50

— Champignons et de la Truffe (de la Culture des), par R. BRUNET, ingénieur agronome. 1 vol. orné de 15 figures dans le texte.   5 fr. 50

— Châtaignier (Culture, Exploitation et Utilisation), par H. BLIN. 1 vol. in-18 jésus orné de 36 fig.   3 fr. 50

— Fraisier (de la Culture du), par R. BRUNET, ingénieur agronome. 1 vol. orné de 28 fig. dans le texte.   4 fr. 50

— Groseillier, du Cassissier et du Framboisier (de la Culture du), par R. BRUNET, ingénieur agronome. 1 vol. orné de 7 fig. dans le texte.   3 fr.

— Melon, de la Citrouille et du Concombre (de la Culture du), par R. BRUNET, ingén' agronome. 1 vol. orné de 25 fig. dans le texte.   4 fr. 50

— d'Ostréiculture et de Myticulture, par A. LA BALÉTRIER. 1 vol. orné de 22 fig. dans le texte.   4 fr.

— Tabac (Culture et Fabrication du), contenant : historique, caractères, monopole, statistiques, actions, culture, récolte, ennemis, fabrication, etc., par R. BRUNET, ingén' agron. 1 vol. orné de 23 fig. dans le texte.   7 fr.

COLLECTION DES MANUELS-RORET

Manuel pour gouverner les Abeilles (Voir *Manuel de l'Apiculteur*, page 3).

— **Accordeur de Pianos**, traitant de la Facture des Pianos anciens et modernes et de la Réparation de leur mécanisme, contenant des Principes d'Acoustique, des Notions de Musique, les Partitions habituelles, la Théorie et la Pratique de l'Accord, à l'usage des Accordeurs et des Amateurs, par M. G. HUBERSON. 1 vol. orné de figures et de musique et accomp. de planches. (*En préparation.*)

— **Agriculture Elémentaire** (Voir *Manuel de l'Agriculteur*, page 3).

— **Ajusteur-Mécanicien**, Apprenti, Ouvrier, Contremaître, contenant : rudiments mathématiques, notions de mécanique, ajustage complet, procédés et recettes d'ajustage, organisation, hygiène et sécurité, par Paul BLANCARNOUX, ingénieur des arts et métiers. 2 vol. ornés de 230 figures dans le texte. (*En préparation.*)

— **Alcoométrie**, contenant la description des appareils et des méthodes alcoométriques, les Tables de Force de Mouillage des Alcools, le Remontage des Eaux-de-Vie, et des indications pour la vente des alcools au poids, par MM. F. MALEPEYRE et AUG. PETIT. 1 vol.   5 fr.

— **Alimentation**, par M. W. MAIONE.

— *Première partie*, SUBSTANCES ALIMENTAIRES : leur origine, leur valeur nutritive, falsifications qu'on leur fait subir et moyens de les reconnaître. 1 vol. (*En préparation.*)

— *Deuxième partie*, CONSERVES ALIMENTAIRES, contenant tous les procédés en usage pour conserver les Viandes, le Poisson, le Lait, les Œufs, les Grains, les Légumes verts et secs, les Fruits, les Boissons, etc., suivi du Bouchage des boîtes, des vases et des bouteilles, par BLIN. 1 vol. orné de figures.   10 fr.

— **Amidonnier et Fabricant de Pâtes alimentaires**, traitant de la Fabrication de l'Amidon et des Produits obtenus des Fruits et des Plantes qui renferment de la Fécule, par MM. MORIN, F. MALEPEYRE et Alb. LARBALÉTRIER. 1 vol. avec figures et planches (1890).   7 fr.

— **Arpentage,** Art de lever les plans, contenant : signes et formules, géométrie, instruments, procédés généraux de lever des terrains, application des instruments et des méthodes, bornages et formules, par P. BOURGOIN, géomètre topographe. 1 vol avec 255 fig. 12 fr.

— **Artificier** (PYROTECHNIE CIVILE), contenant l'Art de confectionner et de tirer les feux d'artifice, par A.-D. VERGNAUD, colonel d'artillerie et P. VERGNAUD, lieutenant-colonel. 1 vol. orné de fig. Nouvelle édition, refondue, par Georges PETIT, ingénieur civil. 8 fr.

— **Assolements, Jachère et Succession des Cultures** (Voir *Manuel de l'Agriculteur,* page 3).

— **Automobiles** (De la construction et du montage des), contenant l'historique, l'étude détaillée des pièces constituant les automobiles, la construction des voitures à pétrole, à vapeur et électriques, les renseignements sur leur montage et leur conduite, par N. CHRYSSOCNOÏDÈS, ingénieur des Arts et Manufactures, professeur à la Fédération générale française des Chauffeurs, Mécaniciens, Electriciens. 2 vol. ornés de 340 figures dans le texte. 18 fr.

— **Bijoutier-Joaillier** et Sertisseur, traitant des Pierres précieuses, de la Nacre, des Perles, du Corail et du Jais, contenant l'Art de les tailler, de les sertir, de les monter, de les imiter, suivi de la description des principaux Ordres et la fabrication de leurs décorations, par MM. JULIA DE FONTENELLE, F. MALEPEYRE et A. ROMAIN. 1 vol. accompagné de planches. (*En préparation.*)

— **Bijoutier-Orfèvre,** traitant des Métaux précieux, de leurs Alliages, des divers modes d'Essai et d'Affinage, du Titre et des Poinçons de garantie de l'Or et de l'Argent, des divers travaux d'Orfèvrerie en or, en argent et en plaqué, du Niellage et de l'Emaillage des Métaux précieux, de la Bijouterie en vrai et en faux, de la fabrication des bijoux de fantaisie, en fer, en acier, en aluminium, etc., par J. DE FONTENELLE, F. MALEPEYRE et A. ROMAIN. 2 vol. avec fig. et pl. (*En prép.*).

— **Blanchiment et Blanchissage,** Nettoyage et Dégraissage des fils de lin, coton, laine, soie, etc., par G. PETIT, ing. civ. 2 vol. ornés de 112 fig. dans le texte. 15 fr.

— **Bonneterie et Tricotage mécaniques,** par D. DE PRAT, ingénieur civil. 1 vol. orné de 103 figures dans le texte. 8 fr.

— **Boucher**, voyez *Charcutier*.

TABLEAU FIGURATIF DES DIVERSES QUALITÉS DE LA VIANDE DE BOUCHERIE, in-plano colorié.   3 fr.

— **Bougies stéariques et Bougies de paraffine**, traitant de la fabrication des Acides gras concrets, de l'Acide oléique, de la Glycérine, etc., par M. F. MALEPEYRE. Nouv. éd. rev. et corrig. par G. PETIT, ing. civil. 2 vol. ornés de 170 figures dans le texte.   18 fr.

— **Boulanger**, ou Traité pratique de la Panification française et étrangère, contenant la connaissance des farines, les moyens de reconnaître leur mélange et leur altération, les principes de la Boulangerie, la construction des pétrins et des fours, la fabrication de toute espèce de pains et du biscuit, par J. FONTENELLE et F. MALEPEYRE. Nouvelle édition entièrement refondue et mise au courant de l'état actuel de cette industrie, par SCHIELD-TREHERNE. 2 vol. ornés de 220 figures dans le texte.   14 fr.

— **Bourrelier-Sellier-Harnacheur**, contenant la description de tout l'outillage moderne. Les renseignements sur les marchandises à employer. Fabrication du harnais, équipement, sellerie, garniture de voitures. Recettes diverses. Vocabulaire des termes en usage dans cette profession, par L. JAILLANT. 1 vol. orné de 126 fig. dans le texte.   7 fr.

— **Bourse** (voir page 20).

— **Brasseur**, ou l'Art de faire toutes sortes de Bières françaises et étrangères, par F. MALEPEYRE. Nouvelle édition, entièrement revue et complétée par SCHIELD-TREHERNE, 2 gros vol. accompagnés d'un Atlas de 14 pl. 20 fr.

— **Briquetier, Tuilier**, Fabricant de Carreaux, de tuyaux de Drainage et de Creusets réfractaires, contenant la fabrication de ces matériaux à la main et à la mécanique, et la description des fours et appareils actuellement usités dans ces industries; par F. MALEPEYRE et A. ROMAIN. Nouv. édit., rev., cor. et augm., par G. PETIT, ingén. civil. 2 vol. *(En préparation.)*

— **Briquets, Allumettes chimiques**, soufrées, phosphorées, amorphes, etc., *Briquets électriques*, *Lumière électrique* et appareils qui la produisent, par MM. MAIGNE et A. BRANDELY. Édition entièrement refondue par Georges PETIT, ingénieur civil. 1 vol. orné de 67 figures.   7 fr.

— Bronzage des Métaux et du Plâtre, contenant les divers procédés de bronzage des métaux à l'Or vrai, à l'Argent, à l'Etain, à l'Or faux et aux poudres de Bronze, etc., par OSMONLIEZ, MALEPEYRE, et LACOMBE. 1 vol. **3 fr.**

— Cadres (Fabricant de). Passe-Partout, Châssis, Encadrements, suivi de la restauration des tableaux et du nettoyage des gravures, estampes, etc., par J. SAULO et DE SAINT-VICTOR. Edition entièrement refondue, par E.-E. STAHL. 1 vol. orné de 27 illustrations. **4 fr.**

— Calculateur, ou COMPTES-FAITS utiles aux opérations industrielles, aux comptes d'inventaire, etc., par M. Aug. TERRIÈRE. 1 gros vol. **11 fr.**

— Calligraphie, ou l'Art d'écrire en peu de leçons, d'après la méthode de CARSTAIRS. 1 Atlas in-8 obl. **6 fr.**

— Cannage des Sièges (voir *Vannerie*).

— Caoutchouc, Gutta-percha, Gomme factice, Tissus imperméables, Toiles cirées et gommées, par M. MAIGNE. Nouvelle édition, revue et augmentée, par G. PETIT, ingénieur civil. 2 vol. (*En préparation.*)

— Cartes Géographiques (Construction et Dessin des), par PERROT. Nouvelle édition par BOURGOIN. 1 vol. orné de 148 figures. **5 fr.**

— Cartonnier, Fabricant de Carton, de Carte, de Cartonnages et de Cartes à jouer, par Georges PETIT, ingénieur civil. 1 vol. orné de 95 fig. dans le texte. **9 fr.**

— Chamoiseur, Maroquinier, Mégissier, Teinturier en peaux, Fabricant de Cuirs vernis, Parcheminier et Gantier, traitant de l'outillage à la main, des machines nouvelles, et des procédés les plus récents en usage dans ces diverses industries, par MM. JULIA DE FONTENELLE, MAIGNE et VILLON. (*En préparation.*)

— Chandelier et Cirier, contenant : composition et fonte du suif, fabrication des chandelles, graissage et lubrification, composition et propriétés de la cire, fabrication des cierges, des bougies, usages divers de la cire, encaustiques, cire à cacheter. Nouvelle édition par Georges PETIT, ingénieur civil. 1 vol. orné de 85 figures dans le texte. (*En préparation.*)

— Charcutier, Boucher et Equarrisseur, traitant de l'Elevage moderne du Porc, par G. HENNEQUIN, et

contenant les meilleures manières de tuer et de dépecer
le Porc, le Bœuf, le Veau, le Mouton et le Cheval et d'en
apprêter les morceaux pour la consommation, suivies de
considérations pratiques sur le rendement des animaux
équarris et sur l'utilisation des Débris d'Equarrissage, par
LEBRUN et MAIGNE. 1 vol. avec 41 figures, et tableau en
noir des qualités de viande.   11 fr.
  On vend séparément :
TABLEAU DES QUALITÉS DE VIANDE, in plano col.   3 fr.

— **Charpentier,** ou Traité complet et simplifié de cet
Art, traitant de la Charpente en bois et en fer et de
la Manipulation des diverses pièces de Charpente, par
HANUS, BISTON, BOUTEREAU et GAUCHÉ. Nouvelle édition
refondue, corrigée et augmentée par N. CHRYSSOCHOÏDÈS.
2 vol. ornés de 94 fig. dans le texte et accompagnés d'un
Atlas de 22 planches.   30 fr.

— **Charron-Forgeron,** traitant de l'Atelier, de l'Outillage, des Matériaux mis en œuvre par le Charron, du
Travail de la forge, de la Construction du gros et du petit
matériel, etc., par M. G. MARIN-DARBEL. 1 volume orné de
171 figures.   11 fr.

— **Chaudières à vapeur** (Conducteur de) contenant
la description, la conduite, l'entretien, les accidents des
chaudières, par P. BLANCARNOUX, ingénieur des Arts et
Métiers. 1 vol. orné de 110 fig. dans le texte.   7 fr.

— **Chaudronnier,** contenant l'Art de travailler au
marteau le cuivre, la tôle et le fer-blanc, ainsi que les
travaux d'Estampage et d'Etampage, l'Etamage, la fabrication des Chaudières et des Appareils d'évaporation, de
liquéfaction et de chauffage. par MM. JULLIEN, VALÉRIO
et CASALONGA, ingénieurs civils. Nouvelle édition entièrement refondue et augmentée du *Tracé en chaudronnerie,*
par Georges PETIT, ingén. civil. 1 vol. orné de 86 figures
et accompagné d'un Atlas de 20 pl.   20 fr.

— **Chauffage et Ventilation** des Bâtiments publics et privés, au moyen de l'air chaud, de l'eau chaude
et de la vapeur, Chauffage des Bains, des Serres, des Vins,
et des Vagons de chemins de fer, par M. A. ROMAIN. 1 vol.
accompagné de planches et orné de figures. (*En prép.*).

— **Chauffeur** (voir *Chaudières à vapeur*).

— **Chaufournier, Plâtrier, Carrier et Bitu-**
mier, contenant l'exploitation des Carrières et la fabri-

cation du Plâtre, des différentes Chaux, des Ciments, Mortiers, Bétons, Bitumes, Asphaltes, etc., par MM. D. MAGNIER et A. ROMAIN. Nouvelle édition. 1 vol. accompagné de planches. (*En préparation.*)

— **Chemins de Fer**, contenant des études comparatives sur les divers systèmes de la voie et du matériel, le Formulaire des charges et conditions pour l'établissement des travaux, etc., par M. E. WITH (1857). 2 volumes avec atlas.   7 fr.

— **Cheval (Education et dressage du)** monté et attelé, traitant de son hygiène et des remèdes qui lui conviennent, par M. DE MONTIGNY. 1 vol. avec pl.   6 fr.

— **Chimie du Praticien**, contenant ce que doivent savoir de la Chimie tous les professionnels des technologies industrielles ou artisanes, par A. CHAPLET, ingénieur chimiste. 1 vol. orné de 44 fig. dans le texte.   8 fr.

— **Chocolatier**, voyez *Confiseur et Chocolatier.*

— **Cidre et Poiré (Fabricant de)**, traitant de la Culture et de la Greffe des meilleures variétés de fruits propres à faire le Cidre et le Poiré, ainsi que des Méthodes nouvelles et des Appareils perfectionnés employés dans cette industrie, par MM. DUBIEF, F. MALEPEYRE et le Comte DE VALICOURT. 1 vol. orné de figures.   7 fr.

— **Cirage**, voyez *Encres.*

— **Ciseleur**, contenant la description des procédés de l'Art de ciseler et repousser tous les métaux ductiles, bijouterie, orfèvrerie, armures, bronzes, etc., par M. Jean GARNIER, ciseleur-sculpteur. Nouvelle édition, revue, corrigée et augmentée, par C. CHOUARTZ, ciseleur. 1 vol. orné de 60 figures dans le texte. (*En préparation.*)

— **Clichage** en matière et galvanique, voyez *Graveur.*

— **Colles (Fabrication de toutes sortes de)**, comprenant colles de matières végétales, animales et composées, essai et applications des colles et fabrication de la gélatine alimentaire, par MALEPEYRE. Nouvelle édition entièrement refondue par H. BERTRAN, ingénieur des Arts et Manufactures. 1 vol. (*En préparation.*)

— **Comptes-Faits**, voyez *Calculateur.*

— **Confiseur et Chocolatier**, contenant les derniers perfectionnements apportés à ces Arts, par MM. CAR-

DELLI, LIONNET-CLÉMANDOT et VILLON. Nouvelle édition complètement refondue par H. BLIN. 1 vol. orné de 100 fig. dans le texte. 10 fr.

— **Conserves alimentaires**, voyez *Alimentation*.

— **Construction moderne** (La), ou Traité de l'Art de bâtir avec solidité, économie et durée, comprenant la Construction, l'histoire de l'Architecture et l'Ornementation des édifices, par BATAILLE, architecte, anc. professeur. Nouvelle édition, revue, corrigée et augmentée par N. CHRYS-SOCHOÏDÉS. 1 vol. orné de 224 fig. dans le texte et accompagné d'un Atlas grand in-8° de 44 planches. 35 fr.

— **Constructions agricoles**, traitant des matériaux et de leur emploi dans les Constructions destinées au logement des Cultivateurs, des Animaux et des Produits agricoles dans les petites, les moyennes et les grandes exploitations, par M. G. HEUZÉ, inspecteur de l'agriculture. 1 vol. accomp. d'un Atlas de 16 pl. gr. in-8°. 18 fr.

— **Contributions directes** (Réclamations contre les), par Aimé IRLAUD. 1 fr.

— **Cordier**, contenant la culture des Plantes textiles, l'extraction de la Filasse, et la fabrication de toutes sortes de cordes et câbles, applications, essais, nœuds, par G. LAURENT, ingénieur des Arts et Manufactures. 1 vol. orné de 115 figures. 9 fr.

— **Corroyeur**, voyez *Tanneur*.

— **Couleurs** (Fabricant de) à l'huile et à l'eau, Laques, Couleurs hygiéniques, Couleurs fines, etc., par MM. RIFFAULT, VERGNAUD, TOUSSAINT et MALEPEYRE. 2 volumes accompagnés de planches. (*En préparation.*)

— **Coupe des Pierres**, contenant des notions de Géométrie élémentaire et descriptive, ainsi que l'art du Trait appliqué à la Stéréotomie, par MM. TOUSSAINT et H. M.-M., architectes. Nouvelle édition, augmentée d'un Appendice sur le transport et le travail de la pierre, par FROMHOLT. 1 vol. avec Atlas. 18 fr.

— **Couvreur**, voyez *Plombier*.

— **Cubage des Bois** en grume ou écorcés au 1/4 et au 1/5 réduits, de 1ᵐ à 10ᵐ90 de longueur inclus, et de 0ᵐ40 à 4ᵐ de circonférence inclus ; donnant tous les cubes par fraction de 0ᵐ10 en 0ᵐ10 pour la longueur et de 0ᵐ05 en 0^m05 pour la circonférence, et permettant d'obtenir les cubes de toutes longueurs, par G. HAUDEBERT, ancien marchand de bois à Vendôme. 1 vol.   3 fr. 50

— **Cultivateur Français** (Voir *Manuel de l'Agriculteur*, page 3).

— **Dessin Linéaire**, par M. ALLAIN, entrepreneur de travaux publics. 1 vol. avec Atlas de 20 pl. (*En prépar.*)

— **Dessinateur**, ou Traité complet du Dessin, par M. BOUTEREAU, professeur. 1 volume accompagné d'un Atlas de 20 pl., dont quelques-unes coloriées. (*En prép.*)

— **Distillateur-Liquoriste**, contenant les Formules des Liqueurs les plus répandues, les parfums, substances colorantes, etc., par MM. LEBEAUD, JULIA DE FONTENELLE et MALEPEYRE. 1 gros volume.   9 fr.

— **Distillation de la Betterave, de la Pomme de terre**, du Topinambour et des racines féculentes, telles que la carotte, le rutabaga, l'asphodèle, etc., par HOURIER et MALEPEYRE. Nouvelle édition entièrement refondue par LARBALÉTRIER. 1 vol. acc. de 3 pl. gravées sur acier.   7 fr.

— **Distillation des Grains et des Mélasses**, par MM. F. MALEPEYRE et ALB. LARBALÉTRIER. 1 vol accompagné d'un Atlas de 9 planches in-8°.   12 fr.

— **Distillation des Vins**, des Marcs, des Moûts, des Fruits, des Cidres, etc., par M. F. MALEPEYRE. Nouvelle édition revue, corrigée et considérablement augmentée par M. Raymond BRUNET. (*En préparation*).

— **Dorure, Argenture, Nickelage, Platinage sur Métaux**, au feu, au trempé, à la feuille, au pinceau, au pouce et par la méthode électro-métallurgique, traitant de l'application à l'Horlogerie de la dorure et de l'argenture galvaniques, et de la coloration des Métaux par les oxydes métalliques et l'Electricité, par MM. MATHEY, MAIGNE, A. VILLON et Georges PETIT, ingénieur civil. 1 vol. orné de 36 figures dans le texte.   9 fr.

— **Dorure sur bois** à l'eau et à la mixtion, par les procédés anciens et nouveaux, traitant des Peintures laquées sur Meubles et sur Sièges, par M. SAULO. 1 vol.   3 fr.

— **Drainage simplifié.** (Voir *Agriculture*, p. 3.)

— **Eaux et Boissons Gazeuses**, ou Description des méthodes et des appareils les plus usités dans cette

industrie, le bouchage des bouteilles et des siphons, la
Gazéification des Vins, Bières et Cidres, etc. Nouv. édit. augmentée des Boissons angl. et améric., par L. GASQUET,
ingénieur des Arts et Manufactures, et JARRE, ingénieur.
1 vol. orné de 140 fig. dans le texte.   » fr.

— Eaux-de-Vie (Négociant en), Liquoriste, Mar-
chand de Vins et Distillateur, par MM. RAVON et MALEPEYRE.
Nouvelle édition revue, corrigée et augmentée par RAYMOND
BRUNET, ingénieur-agronome. 1 vol.   2 fr.

— Ebéniste et Tabletier, traitant des Bois, de leur
Teinture et de leur Apprêt, de l'Outillage, du Débitage des
bois de placage, de la fabrication et de la réparation des
Meubles de tout genre et du travail de la Tabletterie, par
MM. NOSBAN et MAIGNE. 1 vol orné de figures et accompa-
gné de planches. (En préparation.)

— Electriques particulières (Installations), contenant : sonneries, lumière, ventilateurs, téléphones d'intérieur et la manière de faire soi-même ces installations,
par F. LAPEYRE. 1 vol. orné de 25 figures.   2 fr. 50

— Electricité, contenant : électricité statique, électricité dynamique, distribution de l'énergie électrique,
utilisation du courant, producteurs d'énergie électrique,
traction électrique, courants alternatifs, transport de
l'énergie électrique à grande distance, applications diverses de l'électricité, par G. PETIT, ingénieur civil. 2 vol.
ornés de 285 figures dans le texte. (En préparation.)

— Encres (Fabricant d') de toute sorte, telles que
Encres d'écriture, Encres à copier, Encres d'impression typo-
graphique, lithographique et de taille douce, Encres de couleurs, Encres sympathiques, etc., suivi de la *Fabrication
des Cirages* et de l'*Imperméabilisation des Chaussures*, par
MM. de CHAMPOUR, F. MALEPEYRE et A. VILLON. (En préparation.)

— Engrais (FABRICATION ET APPLICATION DES) animaux,
végétaux et minéraux et des Engrais chimiques, ou Traité
théorique et pratique de la nutrition des plantes, par MM.
Eug. et Henri LANDRIN et M. Alb. LARBALÉTRIER. 1 vol.
orné de figures. (En préparation.)

— Equarrisseur, voyez *Charcutier*.

— Equitation, traitant du manège civil, du manège

2

militaire, de l'Equitation des Dames, etc., par MM. Ver-
onaud et d'Attanoux. (*En préparation.*)

— **Escaliers en Bois** (Construction des), traitant de
la manipulation et du posage des Escaliers à une ou plusieurs rampes, de tous les modèles et s'adaptant à toutes
les constructions, par M. Boutereau. 1 vol. et Atlas grand
in-8º de 20 planches gravées sur acier.   16 fr.

— **Escrime**, ou Traité de l'Art de faire des armes, par
M. Lafaugère. 1 vol. orné de figures.   3 fr. 50

— **Ferblantier-Lampiste**, ou Art de confectionner
tous les Ustensiles en fer-blanc, de les souder, de les ré-
parer, etc., suivi de la fabrication des Lampes et des Appareils d'éclairage, par MM. Lebrun, Malepeyre et A. Romain. Nouv. édit. complètement refondue par G. Petit,
ingén. civ. 1 vol. orné de 178 fig.   12 fr.

— **Fermier**. — Voir *Agriculteur*, page 3.

— **Filature**, 1re *partie*. Fibres animales et minérales,
contenant : étude des fibres animales et minérales, leur
conditionnement ; filature de la laine peignée et cardée ;
fils d'animaux divers ; élevage des vers à soie; filature de
la soie; soie artificielle: amiante, par D. de Prat, ingénieur civil, directeur de filature. 1 vol. orné de 106 fig.
dans le texte. (*En préparation.*)

— **Filature**, 2e *partie*. Fibres végétales, contenant :
étude des fibres végétales, filature du coton, filature du
lin et de l'étoupe, filature du chanvre, du jute, de la
ramie ; fabrication de l'ouate et des ouates hydrophiles,
par D. de Prat. 1 vol. orné de 101 figures.   15 fr.

— **Filetage**, contenant Méthode très pratique permettant à tout ouvrier tourneur de trouver toutes les
roues nécessaires pour reproduire tous les pas : métriques,
périodiques, bâtards et anglais, avec n'importe quelle vis-
mère, par G. Baratte, ouvrier mécanicien.   3 fr.

— **Fleuriste artificiel et Feuillagiste**, ou l'Art
d'imiter toute espèce de Fleurs, de Feuillage et de Fruits,
par Mme Celnart. 1 vol. orné de 50 figures.   6 fr.

— **Fondeur**, traitant de la Fonderie du fer, de l'acier,
du cuivre, du bronze et du laiton, de la fonte des statues,
des cloches, etc., par MM. A. Gillot et L. Lockert, ingénieurs. Nouvelle édition revue, corrigée et augmentée par

N. Chryssochoïdès, ingénieur des Arts et Manufactures.
2 vol. ornés de 253 figures dans le texte.   20 fr.

— **Fontainier**, voy. *Mécanicien-Fontainier*.

— **Forestier praticien** (le) et Guide des Gardes Champêtres (Voir *Gardes champêtres*).

— **Forgeron, Maréchal, Taillandier**, voyez *Charron, Serrurier*.

— **Forges** (Maître de), ou Traité théorique et pratique de l'Art de travailler le fer, la fonte et l'acier; traitant des minerais de fer, des machines soufflantes et des appareils à chauffer l'air, des combustibles et fondants, des fours et des hauts-fourneaux, des convertisseurs, des laminoirs et des différents appareils employés pour le travail du fer et de l'acier. Nouvelle édition, par N. Chryssochoïdès, ing. des Arts et Manufactures. 2 vol. ornés de 312 fig. dans le texte.   20 fr.

— **Froid artificiel** (Applications du), contenant la description des machines frigorifiques ; leur conduite et leur entretien ; la fabrication de la glace ; la conservation des denrées ; l'utilisation du froid dans les diverses industries, par A. Blanchet, directeur du frigorifique des Halles centrales. 1 vol. orné de 74 fig. dans le texte. (*En préparation.*)

— **Galvanoplastie**, ou Traité complet des Manipulations électro-métallurgiques, contenant tous les procédés les plus récents et les plus usités, par M. A. Brandely. Nouvelle édition revue et corrigée par G. Petit, ingén. civil. 2 vol. ornés de 81 figures. (*En préparation.*)

— **Gants** (Fabricant de), voyez *Chamoiseur*.

— **Gardes Champêtres, Gardes Forestiers, Gardes-Pêche, et Gardes-Chasse**, par M. Boyard, anc. prés. à la C. d'Orléans, M. Vasserot, anc. sous-préfet, M. V. Emion et M. L. Crevat, juges de paix. 1 vol.   5 fr.

— **Gaz** (Appareilleur à), voyez *Plombier*.

— **Gaz** (Éclairage et Chauffage au), ou Traité élémentaire et pratique destiné aux Ingénieurs, aux Directeurs et aux Contre-Maîtres d'Usines à Gaz, mis à la portée de tout le monde, suivi d'un *Aide-Mémoire de l'Ingénieur-Gazier*, par M. D. Magnier, ingénieur-gazier. Nouvelle édition corrigée, augmentée et entièrement refondue, par E.

Bancelin, ancien élève de l'Ecole polytechnique, ancien sous-régisseur d'usine de la Cie Parisienne du Gaz. 2 vol. ornés de 322 figures dans le texte. 18 fr.

On a extrait de ce Manuel l'ouvrage suivant :

Aide-Mémoire de l'Ingénieur-Gazier, contenant les Notions et les Formules nécessaires aux personnes qui s'occupent de la Fabrication et de l'Emploi du Gaz. Br. in-18. 2 fr.

— **Graveur,** ou Traité complet de la Gravure en creux et en relief, Eau-forte, Taille douce, Héliogravure, Gravure sur bois et sur métal, Photogravure, Similigravure, Procédés divers, Clichage des gravures en plomb et en galvanoplastie, Fabrication des Cartes à jouer, Gravure de la musique, etc., par M. Villon. Nouvelle édition. 2 vol. ornés de figures. 18 fr.

— **Greffes** — Voir *Jardinage*, p. 4.

— **Habitants de la Campagne** (Voir *Agriculteur*, page 3).

— **Horloger,** comprenant la Construction détaillée de l'Horlogerie ordinaire et de précision, et, en général, de toutes les machines propres à mesurer le temps ; par Lenormand, Janvier et Magnier, revu par L. S.-T. Nouvelle édition entièrement refondue et augmentée de l'Horlogerie Electrique, l'Horlogerie Pneumatique et la Boîte à Musique, par E. Stahl. 2 vol. accompagnés d'un Atlas de 15 planches. (*En préparation.*)

— **Horloger-Rhabilleur,** traitant du rhabillage et du réglage des Montres et des Pendules, augmenté de : **Corrélation du Pendule au rochet** avec le levier de la Force motrice. Etude mécanique appliquée à l'Horlogerie, par M. J.-E. Persegol. 1 vol. orné de 59 fig. 9 fr.

On vend séparément :

Corrélation du Pendule au rochet. 0 fr. 50

— **Huiles minérales,** leur Fabrication et leur Emploi à l'Eclairage et au Chauffage, par D. Magnier, ingénieur. Nouvelle édition par N. Chryssochoïdès. 1 vol. orné de 70 figures. 10 fr.

— **Huiles végétales et animales** (Fabricant et Epurateur d'), comprenant la Fabrication des Huiles et les méthodes les plus usuelles de les essayer et de reconnaître leur sophistication, par J. DE FONTENELLE, F. MALEPEYRE et AD. DALICAN. Nouvelle édition revue, corrigée et augmentée par N. CHRYSSOCHOÏDÈS, ingénieur des arts et manufactures. 2 vol. ornés de 190 fig. dans le texte. 15 fr.

— **Jeux de Cartes**, contenant les jeux anciens, jeux de combinaisons, jeux mixtes, jeux de sociétés, jeux de hasard, par E. LANES. 1 vol. orné de figures. 8 fr.

— **Laiterie**, ou Traité de toutes les méthodes en usage pour traiter et conserver le Lait, faire le Beurre, confectionner les Fromages français et étrangers, et reconnaître les Falsifications de ces substances alimentaires, par M. MOLANE. 1 vol. orné de figures. (*En préparation.*)

— **Lampiste**, voyez *Ferblantier.*

— **Levure** (Fabricant de), traitant de sa composition chimique, de sa production et de son emploi dans l'industrie, principalement dans la Brasserie, la Distillation, la Boulangerie, la Pâtisserie, l'Amidonnerie, la Papeterie, par F. MALEPEYRE. Nouvelle édition revue et corrigée par R. BRUNET, ingen' agronome. 1 vol. orné de fig. 6 fr.

— **Limonadier**, Glacier, Cafetier et Amateur de thés, contenant la fabrication de la Glace et des Boissons frappées, rafraîchissantes et hygiéniques, par CHAUTARD et JULIA DE FONTENELLE. Nouvelle édition entièrement refondue par CHRYSSOCHOÏDÈS, ingénieur des Arts et Manufactures. 1 vol. orné de 76 figures dans le texte. 7 fr.

— **Linotypie**, *la Linotype à la portée de tous,* contenant description, fonctionnement, avaries et réparations, instructions aux opérateurs, par H. GIRAUD, mécanicien-électricien au journal *La Dépêche de Brest.* 1 vol. orné de 36 figures. (*En préparation.*)

— **Liquides** (Amélioration des), tels que Vins, Alcools, Spiritueux divers, Liqueurs, Cidres, Bières, Vinaigres, Laits, par V.-F. LEBEUF ; 6e éd., entièrement refondue, par le Dr E. VARENNE I. P. ❦, ancien distillateur, négociant en vins et spiritueux, membre de la commission extra-parlementaire de l'alcool, etc., rédacteur scientifique à la *Revue Vinicole* 7 fr.

— **Lithographe** (Imprimeur et Dessinateur), traitant de l'Autographie, la Lithographie mécanique, la Chromolithographie, la Lithophotographie, la Zincographie, et des procédés nouveaux en usage dans cette industrie, par M. VILLON. 2 volumes et Atlas in-18. (*En préparation.*)

— **Locomotion mécanique**, voyez *Vélocipédie et Automobiles*.

— **Luthier**, ou Traité de la construction des Instruments à cordes et à archet, tels que le Violon, l'Alto, le Violoncelle, la Contrebasse, la Guitare, la Mandoline, la Harpe, les Monocordes, la Vielle, etc., traitant de la Fabrication des Cordes harmoniques en boyau et en métal, par MM. MAUGIN et MAIGNE. Nouvelle édition suivie du mémoire sur la construction des instruments à cordes et à archet, par F. SAVART. 1 vol. avec fig. et planches. (*En prép.*).

— **Maçon, Stucateur, Carreleur et Paveur**, contenant l'emploi, dans ces industries, des matières calcaires et siliceuses, ainsi que la construction des Bâtiments de ville et de campagne, et les méthodes de Pavage expérimentées dans les grandes villes, par MM. TOUSSAINT, D. MAGNIER, G. PICAT et A. ROMAIN. 1 vol. orné de figures et accompagné de 6 planches. (*En préparation.*)

— **Maîtresse de Maison**, ou Conseils et Recettes sur l'Économie domestique, comprenant l'organisation de la maison, l'entretien des vêtements et du linge, l'éclairage et le chauffage, l'alimentation, les éléments d'hygiène et de puériculture, par Mmes PARISET et CELNART. 1 vol. orné de fig. dans le texte.　　　　　　9 fr.

— **Marbrier**, contenant Étude et Travail des Marbres, série des Prix, Vocabulaire, et donnant les Modèles les plus variés de Monuments funèbres, Chambranles, Cheminées, etc., par Henry GUÉDY, architecte. 1 vol. et atlas grand in-8° de 20 planches, gravées sur acier.　　18 fr.

— **Maroquinier**, voyez *Chamoiseur*.

— **Marqueteur et Ivoirier**, traitant de la fabrication des meubles et des objets meublants en marqueterie et en incrustation, de la Tabletterie-Ivoirerie, du travail de l'Ivoire, de l'Os, de la Corne, de la Baleine, de la Nacre, de l'Ambre, etc., par MM. MAIGNE et ROBICHON. 1 vol. orné de figures. (*En préparation.*)

— **Mécanicien-Fontainier**, comprenant la Conduite et la Distribution des Eaux, le mesurage aux Compteurs et à la Jauge, la Filtration, la fabrication des Robinets, des Fontaines, des Bornes, des Bouches d'eau, des Garde-robes, etc., par MM. BISTON, JANVIER, MALEPEYRE et A. ROMAIN. 1 vol. avec figures et planches.　　　　7 fr.

— **Mécanique**, ou Exposition élémentaire des lois de

l'Equilibre et du Mouvement des Corps solides, par M. TER-QUEM. Nouvelle édition par M. LALLIÉ. (*En préparation*).

— **Menuisier en bâtiments, Layetier-Emballeur**, traitant des Bois employés dans la menuiserie, de l'Outillage, du Trait, de la Construction des Escaliers, du Travail du Bois, etc., par MM. NOSBAN et MAIGNE. Nouvelle édition revue et corrigée par J. LEFORT. 2 vol. accompagnés de planches et ornés de fig. 18 fr.

— **Métaux** (Travail des), voyez *Charron, Chaudronnier, Ferblantier, Serrurier*.

— **Meunier, négociant en grains et constructeur de moulins**, contenant : nettoyage du blé, mouture, plan du moulin, moulins à vent, etc., par N. CHRYS-SOCHOÏDÈS. 2 vol. ornés de 140 fig. dans le texte. 16 fr.

— **Mines (Exploitation des)**.

2*e partie*, MÉTAUX PRÉCIEUX ET INDUSTRIELS, SOUFRE, SEL, DIAMANT, par M. L. KNAB, ingénieur. 1 vol. avec pl. 5 fr.

— **Miniature**, voyez *Peinture à l'Aquarelle*.

— **Modelage, Moulage et Patine**, par F. MICHOT, ancien élève de l'Ecole nationale des Beaux-Arts. 1 vol. orné de 27 figures. (*Sous presse.*)

— **Moteurs Modernes** (Conducteur de), contenant description, montage, conduite et essais des moteurs modernes à gaz, à pétrole, à alcool, à eau, à air, etc., par BLAN-CARNOUX. 1 vol. orné de 144 fig. (*En préparation.*)

— **Mouleur**, ou Art de mouler en Plâtre, au Ciment, à l'argile, à la cire, à la gélatine, traitant du Moulage du carton, du carton-pierre, du carton-cuir, du carton-toile, du bois, de l'écaille, de la corne, de la baleine, du celluloïd, etc., contenant le moulage et le clichage des médailles, par MM. LEBRUN, MAGNIER, ROBERT et DE VALICOURT. vol. orné de figures. 11 fr.

— **Naturaliste préparateur**, 1re *partie* : Classification, Recherche des Objets d'histoire naturelle et leur emballage, Disposition et Conservation des Collections, par M. BOITARD. 1 vol. orné de figures. 7 fr.

— *Seconde partie* : Art de préparer et d'empailler les Animaux, de conserver les Végétaux et les Minéraux, de préparer les Pièces d'Anatomie normale et d'embaumer les corps, par MM. Boitard et Maigne. 1 vol. orné de figures.   9 fr.

*— **Numismatique ancienne,** par M. A. de Barthélemy, Membre de l'Institut. 1 gr. vol. accomp. d'un Atlas renfermant 12 pl. où sont représentées 433 pièces. 15 fr.

*— **Numismatique moderne et du moyen âge,** par M. Ad. Blanchet. 3 vol accompagnés d'un Atlas renfermant 14 pl. où sont représentées 645 pièces.   30 fr.

— **Oiseaux (Eleveur d'),** ou Art de l'Oiselier, contenant la Description des principales espèces d'Oiseaux indigènes et exotiques susceptibles d'être élevés en captivité: leur nourriture, leur reproduction, eurs maladies et leurs remèdes, etc., par M. G. Schmitt. 1 vol.   5 fr.

— **Oiseleur,** ou Secrets anciens et modernes de la Chasse aux Oiseaux, traitant de la Fabrication et de l'emploi des Filets et des Piéges, par J. G. et Conrard. 1 vol. orné de planches et de 48 figures dans le texte. Nouvelle édition. (*En préparation.*)

— **Organiste,** contenant l'expertise de l'Orgue, sa description, la manière de l'entretenir et de l'accorder soi-même, suivi de Procès-verbaux pour la réception des Orgues de toute espèce et d'un dictionnaire des termes employés dans la facture d'orgues, par J. Guédon. 1 vol. orné de 94 figures dans le texte.   6 fr.

— **Orgues (Facteur d'),** ou Traité théorique et pratique de l'Art de construire les Orgues, contenant le travail de Dom Bédos et les perfectionnements de la facture jusqu'à nos jours, par Hamel. Nouvelle édition revue et augmentée d'un Appendice donnant les nouveautés apportées dans la fabrication depuis la dernière édition, par J. Guédon. 1 vol. grand in-8 jésus, orné de 64 fig. dans le texte et accompagné d'un Atlas de 43 planches.   40 fr.

— **Parfumeur,** ou Traité complet de toutes les branches de la Parfumerie, contenant les procédés nouveaux, employés en France, en Angleterre et en Amérique, à l'usage des chimistes-fabricants et des ménages, par MM. Pradal, F. Malepeyre, et A. Villon. Nouvelle édition corrigée, augmentée et entièrement refondue, par J. Broders, ingénieur-chimiste. 2 vol. ornés de fig.   15 fr.

— **Pâtes alimentaires,** voyez *Amidonnier.*

— **Pâtissier,** ou Traité complet et simplifié de Pâtis-

serie de ménage, de boutique et d'hôtel, par M. LEBLANC.
1 vol. orné de figures. (*En préparation.*)

— **Pêcheur**, ou Traité général de toutes les pêches *d'eau douce et de mer*, contenant l'histoire et la pêche des animaux fluviatiles et marins, les diverses pêches à la ligne et aux filets en rivière et en mer, *fabrication du filet*, etc., par PESSON-MAISONNEUVE et MORICEAU. Nouvelle édition entièrement refondue par G. PAULIN. 1 vol. orné de 207 figures dans le texte. (*En préparation.*)

— **Pêcheur-Praticien**, ou les Secrets et les Mystères de la Pêche à la ligne dévoilés, par M. LAMBERT. Nouvelle édition par L. JAHLANT. 1 vol. orné de 95 figures dans le texte. (*En préparation.*)

— **Peintre en Bâtiments**, Vernisseur et Vitrier, traitant de l'emploi et du mélange des Couleurs et des Vernis pour l'assainissement et la décoration des habitations, de la pose des Papiers de tenture et du Vitrage, par RIFFAULT, VERGNAUD, TOUSSAINT et F. MALEPEYRE. Nouvelle édition revue et augmentée du Peintre d'enseignes, de la Pose des vitraux, etc. 1 vol. orné de 44 figures.   11 fr.

— **Peintre-Décorateur de théâtre**, utile aux décorateurs, aux auteurs dramatiques, aux acteurs et aux amateurs de théâtre, par Gustave COQUIOT, préface de M. L. JUSSEAUME. 1 vol. orné de 50 figures. (*En préparation.*)

— **Peintre de Lettres**, chiffres, attributs, armoiries, sous-verre, par VÉDÈRE. 1 vol. in-8° contenant 40 planches de modèles   20 fr.

— **Peintre en Voitures**, wagons, omnibus, tramways, contenant matières colorantes, huiles, gommes et vernis, opérations de la peinture en voitures, peinture des différents véhicules, par V. THOMAS, maître de conférences à la Faculté des Sciences de Rennes. 1 vol. orné de 54 figures.   10 fr.

— **Peinture à l'Aquarelle**, Gouache, Miniature, Peinture à la cire, procédé Raffaëlli, etc. Nouvelle édition, par Henry GUÉDY. 1 vol. (*En préparation.*)

— **Peinture sur Verre, Porcelaine, Faïence et Email**, traitant de la décoration de ces matières, ainsi que de la fabrication des Emaux et des Couleurs vitrifiables et de l'Emaillage sur métaux précieux ou communs et sur terre cuite, par MM. REBOULLEAU, MAGNIER et ROMAIN. 1 vol. avec figures. Nouvelle édition revue par H. BERTRAN. 10 fr.

— **Peinture et Vernissage des Métaux et du Bois**, traitant des Couleurs et des Vernis propres à décorer les Métaux et les Bois, de l'imitation sur métal des bois indigènes et exotiques, de l'ornementation des Articles de ménage et des Objets de fantaisie, suivi de l'imitation des Laques du Japon sur menus articles, par MM. FINK et LACOMBE. 1 vol. orné de figures. 5 fr.

— **Pelletier-Fourreur**, traitant de l'apprêt et de la conservation des Fourrures, par M. MAIGNE. 1 vol. orné de figures. 2 fr. 50

— **Perspective** appliquée au Dessin et à la Peinture, par M. VERGNAUD. 1 vol. accomp. de planches. (*En préparation.*)

— **Photographie.**
— SUPPLÉMENT à la Photographie sur Papier et sur Verre, par M. G. HUBERSON. 1 vol. (1883). 3 fr. 50

— **Plombier, Zingueur, Couvreur, Appareilleur à Gaz**, contenant la fabrication et le travail du Plomb et du Zinc et la manière de les souder, la Couverture des Constructions et l'Installation des Appareils et des Compteurs à Gaz, par M. ROMAIN. Nouvelle édition, refondue, corrigée et augmentée, par N. CHRYSSOCHOÏDÈS. 1 vol. orné de 266 figures dans le texte. 18 fr.

— **Poêlier-Fumiste**, traitant de la construction des Cheminées de tous modèles, des Fourneaux et des Poêles en terre, de l'agencement et de la Tuyauterie des Fourneaux en maçonnerie et des Poêles en terre, en fonte et en tôle, et du Ramonage des divers appareils de Chauffage, par MM. ARDENNI, J. DE FONTENELLE, F. MALEPEYRE et A. ROMAIN. 1 vol. orné de figures. (*En préparation.*)

— **Poids et Mesures**, à l'usage des Médecins, etc. Brochure in-18. 25 c.

— **Poids et Mesures** (Fabrication des). *Voir Potier d'étain.*

— **Pompes (Fabricant de)** de tous les systèmes, rectilignes, centrifuges, à diaphragme, à vapeur, à incendic, d'épuisement, de mines, de jardins, etc., traitant des principales Machines élévatoires autres que les Pompes, par MM. Janvier, Biston et A. Romain. 1 vol. orné de figures et accompagné de planches. 6 fr.

— **Ponts et Chaussées** : *Première partie*, Routes et Chemins, par M. de Gayffier, ingénieur en chef des Ponts et Chaussées. 1 vol. avec planches. (*En prép.*).

— *Seconde partie*, Ponts et Aqueducs en maçonnerie, par M. de Gayffier. 1 vol. avec planches (1881). 5 fr.

— *Troisième partie*, Ponts en bois et en fer, par M. A. Romain. 1 vol. avec figures et planches (1884). 5 fr.

— **Porcelainier, Faïencier, Potier de Terre,** contenant des notions pratiques sur la fabrication des Grès cérames, des Pipes, des Boutons, des Fleurs en porcelaine et des diverses Porcelaines tendres, par D. Magnier, ingénieur civil. Nouvelle édition revue et augmentée par Bertran, ingénieur des Arts et Manufactures. 1 vol. orné de 148 figures dans le texte. (*En préparation.*)

— **Potier d'Etain** et de la fabrication des **Poids et Mesures,** contenant la fabrication de la poterie d'Etain, Etains d'art ; poids et mesures de tous genres, balances, bascules, alcoomètres. Nouvelle édition par G. Laurent, ingénieur des Arts et Manufactures. 1 vol. orné de 227 figures dans le texte. 9 fr.

— **Prestidigitation** (de), Traité complet de Tours de cartes à l'usage des gens du monde, par Roger Barbaud, Chevalier de la Légion d'honneur. 1 vol. orné de 75 figures. (*En préparation.*)

— **Prestidigitation et de Magie blanche** (de), 2ᵉ série. Tours de cartes avec appareils, par R. Barbaud, Chevalier de la Légion d'honneur 1 vol. orné de 98 figures dans le texte. 6 fr.

— **Propriétaire, Locataire** et Sous-locataire, des biens de ville et des biens ruraux ; rédigé *par ordre alphabétique*, par MM. Sergent et Vasserot. 1 volume (1865). 2 fr. 50

— **Relieur** en tous genres, contenant les Arts de l'Assembleur, du Satineur, du Brocheur, du Rogneur, du Cartonneur et du Doreur, par MM. Séb. Lenormand et W. Maigne. 1 vol. avec figures et planches. 11 fr.

— **Sapeurs-Pompiers communaux** (*Manuel complet des*), rédigé par une Commission nommée par décret du Ministre de l'Intérieur et composée d'officiers du Régiment des Sapeurs-Pompiers de Paris et des membres du Comité exécutif de la Fédération nationale des Sapeurs-Pompiers français, publié par *ordre du Ministre de l'Intérieur*. 1 vol. in-16, 133 fig. 9 fr.

— **Sapeurs-Pompiers** (*Manuel des Concours*) (Fédération nationale des Sapeurs-Pompiers français). 1 vol. orné de 105 figures. 6 fr.

— **Sapeur-Pompier** (Nouveau Manuel *abrégé* du) composé par une Commission d'officiers du Régiment de Paris et de la Province, publié par *ordre du Ministère de l'Intérieur*. 1 vol. orné de nombr. fig. dans le texte, 1896. 2 fr. 50

— **Sapeurs-Pompiers** (THÉORIE DES), contenant les Manœuvres de la Pompe à bras et des Échelles. 1 vol. orné de nombreuses fig. dans le texte, 1896. 1 fr. 50

— **Sapeurs-Pompiers**. Régiment de Sapeurs-Pompiers de Paris. Règlements, École du Sapeur-Pompier. Service d'Incendie et de Sauvetage, 1921. 1 vol. in-16 cartonné, 8 fr

— **Sapeurs-Pompiers**, manuel des premiers secours par le Dr CH. LE PAGE. 1 vol. in-16 orné de 83 illust. dans le texte. 2 fr.

— **Sapeurs-Pompiers**, voir Service d'incendie dans les Villes et les Campagnes et page 29 : Incendies.

— **Savonnier**, ou Traité de la Fabrication des Savons, contenant des notions sur les Alcalis et les Corps gras saponifiables, ainsi que les procédés de fabrication et les appareils en usage dans la Savonnerie, par M. E. LORMÉ. 3 vol. accompagnés de planches. (*En prép.*).

— **Sculpture sur bois**, contenant l'outillage et les moyens pratiques de Sculpture, les Styles de l'Ornementation, l'Art de Découper les Bois, l'Ivoire, l'Os, l'Ecaille et les Métaux, la Fabrication des Bois comprimés, etc., par M. S. LACOMBE. 1 vol. orné de figures. (*En prép.*).

— **Sériciculture**, (voir *Filature*, 1re partie).

— **Serrurier**, ou Traité complet et simplifié de cet art, traitant des Fers, des Combustibles, de l'Outillage, du Travail à l'atelier et sur place, de la Serrurerie du carrossage, et des divers Travaux de Forge, par PAULIN-DÉSORMEAUX et H. LANDRIN. Nouvelle édition entièrement refondue par Chryssochoïdès, ingénieur des Arts et Manufactures. 1 vol. orné de 106 fig. dans le texte et accompagné d'un Atlas de 16 planches.　　　　　18 fr.

— **Service d'Incendie** dans les Villes et les Campagnes, en France et à l'Etranger, par le lieutenant-colonel Raincourt, ancien Chef de Bataillon au Régiment des Sapeurs-Pompiers, Président d'honneur du Congrès international des Sapeurs-Pompiers en 1889, et M. Marcel Grégoire, Sous-Préfet de Pontoise. 1 vol. in-18 orné de 77 fig. dans le texte.　　　　　5 fr.

— **Soie artificielle** (voir *Filature*, 1re partie).

— **Sommelier et Marchand de Vins**, contenant des notions sur les Vins rouges, blancs et mousseux, leur classification par vignobles et par crus, l'Art de les déguster, la description du matériel de cave, les soins à donner aux Vins en cercles et en bouteilles, l'art de les rétablir de leurs maladies, les coupages, les moyens de reconnaître les falsifications, etc., par M. Maigne. Nouvelle édition, revue, corrigée et augmentée, par R. Brunet. 1 vol. orné de 97 figures dans le texte.　　　　　11 fr.

— **Sorcellerie** (Voir *Prestidigitation*, page 23).

— **Sucre (Fabricant et Raffineur de)**, contenant la fabrication actuelle des sucres coloniaux et indigènes, de toutes substances saccharifères, par F.-S. Zoéga. Nouvelle édition, entièrement refondue, par G. Laurent. 2 vol. ornés de 111 figures dans le texte.　　　　　15 fr.

— **Tanneur, Corroyeur et Hongroyeur**, contenant toutes les découvertes et les perfectionnements faits en France et à l'Etranger dans ces différentes industries, suivi de la fabrication des Courroies par Maigne, nouvelle édition, entièrement refondue, par G. Petit, ingénieur civil. 2 vol. ornés de 85 figures. (*En préparation.*)

— **Tapissier Décorateur**, par H. Lacroix, professeur technique. 1 vol. orné de 81 figures dans le texte.　　　　　5 fr.

— **Technologie physique et mécanique**, ou Formulaire annoté à l'usage des Ingénieurs, des Architectes, des Constructeurs et des Chefs d'usines, par H. Guédy, architecte. 1 vol.　　　　　9 fr.

— **Teinture des peaux**, voyez *Chamoiseur*.

* — **Teinture moderne**. Voir page 29.

— **Teinturier, Apprêteur et Dégraisseur**, ou Art de teindre la Laine, la Soie, le Coton, le Lin, le Chanvre et les autres matières filamenteuses, ainsi que les tissus simples et mélangés, au moyen des COULEURS ANCIENNES animales, végétales et minérales, par MM. RIFFAUT, VERGNAUD, JULIA DE FONTENELLE, THILLAYE, MALEPEYRE, ULRICH et ROMAIN. 2 vol. (*En préparation.*)

— *Supplément*, traitant de l'emploi en Teinture des COULEURS D'ANILINE et de leurs dérivés, par M. A.-M. VILLON, chimiste. 1 vol.   6 fr.

— **Télégraphie électrique**, contenant la description des divers systèmes de Télégraphes et de Téléphones, et leurs applications au service des Chemins de fer, des Sonneries électriques et des Avertisseurs d'incendie, par ROMAIN. 1 vol. orné de figures et accompagné de planches (1882).   3 fr. 50

— **Télégraphie sans fil** à la portée de tous, signaux horaires, etc., par Charles LEGRAND, ingénieur. 1 vol. orné de 40 figures. (*En préparation.*)

— **Teneur de Livres**, renfermant la Tenue des Livres en partie simple et en partie double, par TRÉMERY et A. TERRIÈRE (*Ouvrage autorisé par l'Université*), suivi de la Comptabilité agricole, par R. BRUNET. 1 vol.   7 fr.

— **Terrassier** et Entrepreneur de terrassements, traitant des divers modes de transport, d'extraction et d'excavation, et contenant une description sommaire des grands travaux modernes, par CH. ÉTIENNE, AD. MASSON et D. CASALONGA. Nouvelle édit. revue et augmentée par N. CHRYSSOCHOÏDÈS. 2 vol. ornés de 63 fig. dans le texte et accompagnés d'un atlas de 22 pl. gravées sur acier. 20 fr.

— **Tissage mécanique**, contenant l'étude des divers textiles, les préparations du tissage, la description, montage et réglage des métiers à tisser, etc., par R. LARIVIÈRE A., ingénieur civil, directeur de tissage, et F. JACOBS, ancien élève de l'École polytechnique, sous le patronage de Monsieur A. SCRIVE-LOYER, président du Comité de filature et tissage de la Société industrielle du Nord de la France. 1 vol. orné de 105 figures dans le texte. (*En préparation.*)

— **Tonnelier**, contenant la fabrication des Tonneaux, des Cuves, des Foudres et des autres vaisseaux en bois cerclés, suivi du *Jaugeage* des fûts de toute dimension, par P. DÉSORMEAUX, OTT et MAIGNE. Nouvelle édition revue et corrigée par CHOLLOT. 1 vol. (*En préparation.*)

— **Tonnellerie** (voir page 30).

— **Topographie** (Modèles de), par CHARTIER, 1 pl. coloriée. 2 fr. 50

— **Tourneur**, ou Traité théorique et pratique de l'art du Tour, contenant la description des appareils et des procédés les plus usités pour tourner les Bois et les Métaux, les Pierres, l'Ivoire, la Corne, l'Écaille, la Nacre, etc.; ainsi que les notions de Forge, d'Ajustage et d'Ébénisterie indispensables au Tourneur, par E. DE VALICOURT. 1 vol. grand in-8, contenant 27 planches de figures, édition, revue et corrigée. (*En préparation.*)

— **Tours de cartes** (Voir *Prestidigitation*).

— **Treillageur**, *Seconde partie*, traitant de l'outillage, de la fabrication à la main et à la mécanique, de la confection des Grillages, Claies, Jalousies, etc., par M. E. DARTHUY. 1 vol. avec figures et planches. 5 fr. 60

— **Typographie** (de). Historique. Composition. Règles orthographiques. Imposition. Travaux de ville. Journaux. Tableaux. Algèbre. Langues étrangères. Musique et plain-chant. Machines. Papier. Stéréotypie. Illustration, par EMILE LECLERC, ancien directeur de l'École professionnelle Lahure, proto de l'imprimerie Frazier-Soye. 1 vol. orné de 100 figures dans le texte et de planches en couleurs. 15 fr.

On vend séparément les SIGNES DE CORRECTION. 75 c.

— **Vannerie** (Fabrication de la), Cannage et Paillage des Sièges, par A. AUDIGER. 1 volume orné de 134 figures. (*En préparation.*)

— **Vélocipédie** (de), Locomotion, Vélocipèdes, Construction, etc., par Louis LOCKERT, ingénieur diplômé de l'École centrale. 1 volume orné de 58 figures dans le texte. Terminé par l'art de monter à Bicyclette, par RIVIERRE (1896). 1 fr. 50

— **Vernis** (Fabricant de), contenant les formules les plus usitées de vernis de toute espèce, à l'éther, à l'alcool, à l'essence, vernis gras, etc., par M. A. ROMAIN. 1 vol. orné de figures. 10 fr.

— **Verrier et Fabricant de cristaux**. Pierres précieuses factices, Verres colorés, Yeux artificiels, par

Julia de Fontenelle et Malepeyre. Nouvelle édition entièrement refondue par Bertran, ingénieur des Arts et Manufactures. 2 vol. ornés de 235 fig. (*En préparation.*)

— **Vétérinaire**, à l'usage des Fermiers et des Propriétaires d'animaux domestiques, contenant les principales Maladies et leurs Remèdes ; Age, Alimentation, Engraissement ; Soins à donner aux animaux reproducteurs ; Ventes, etc., suivi d'un Formulaire des principaux médicaments vétérinaires, par P. Canal, médecin-vétérinaire. 1 vol. orné de figures.   7 fr.

— **Vigneron**, ou l'Art de cultiver la Vigne, de la protéger contre les insectes qui la détruisent, et de faire le Vin, contenant les meilleures méthodes de Vinification, traitant du chauffage des Vins, etc., par Thiébaut de Berneaud et F. Malepeyre. 1 vol. orné de 40 figures. Nouvelle édition, revue par R. Brunet. (*En préparation.*)

— **Vinaigrier et Moutardier**, contenant la fabrication de l'acide acétique, de l'acide pyroligneux, des acétates, et les formules de Vinaigres de table, de toilette et pharmaceutiques, l'analyse chimique de la graine de moutarde, ainsi que les meilleures recettes pour la préparation de la moutarde, par MM. J. de Fontenelle et F. Malepeyre. 1 vol. orné de figures. (*En préparation.*)

— **Vins** (Calendrier des) (*Epuisé*). (Voir *Sommelier*).

— **Vins de Fruits et Boissons économiques**, contenant l'Art de fabriquer soi-même, chez soi et à peu de frais, les Vins de Fruits, les Vins de Raisins secs, le Cidre, le Poiré, les Vins de Grains, les Bières économiques et de ménage, les Boissons rafraîchissantes, par M. F. Malepeyre. 1 vol.   7 fr.

— **Vins mousseux** (Voyez *Eaux et Boissons gazeuses*).

— **Zingueur**, voyez *Plombier*.

INDUSTRIE, ARTS ET MÉTIERS

*** Guide pratique de Teinture moderne,** suivi de l'Art du Teinturier-Dégraisseur, contenant l'étude des fibres textiles et des matières premières utilisées en Teinture, et des procédés les plus récents pour la fixation des couleurs sur laine, soie, coton, etc., par V. Thomas, docteur ès-sciences, préparateur de Chimie appliquée à la Faculté des Sciences de l'Université de Paris. 1 vol. grand in-8 raisin, orné de 133 figures dans le texte. 30 fr.

Annuaire des Géomètres-Experts de France pour 1923. 1 vol. in-18. Broché. 6 fr.

Art du Peintre, Doreur et Vernisseur, par Watin ; 15ᵉ édition. 1 vol. in-8°. (*En préparation.*)

Calcul des essieux pour les Chemins de Fer ; Coup d'œil sur les roues de vagons, par A.-C. Benoit-Duportail, 1856. Brochure in-8°. 1 fr. 75

Contribution à l'étude de la Lutte contre les Incendies dans les Forêts de Pins, par Ferrand et Laborde. Bordeaux, 1917, 1 vol. in-8°. 3 fr.

Filetage (Alphabet du) à l'usage des Tourneurs-Mécaniciens et des Conducteurs de Machines-Outils, par Louis Arnaudon. 4ᵉ éd., 1919, in-18. 6 fr.

Fractions (Alphabet des) à l'usage des Mathématiciens, par Louis Arnaudon, in-18. 6 fr.

— Guia del Cultivador de Montes y de la Guarderia Rural — ò — La Silvicultura Práctica. 1 vol. in-8. 2 fr.

Incendies des matières dangereuses et explosives (Les) (dangers, précautions, moyens et appareils), *les extincteurs d'incendie,* par Daniel Pierre, ingénieur chimiste, 1 vol. in-8°, avec figures. 2 fr.

Levés à vue (Des) et du Dessin d'après nature, par Leblanc. Brochure in-18 avec planche. 1 fr. 50

Manuel-Barème pour les Alliages d'Or et d'Argent. Ouvrage indispensable aux Fabricants Bijoutiers et Orfèvres, ainsi qu'à toutes les personnes qui s'occupent du commerce des Métaux précieux, par M. A. MERCIER. 1 vol. in-8. Broché, 10 fr. Relié en toile,   12 fr.

Manuel de la Filature du Lin et de l'Etoupe, Application du Système métrique au Calcul du mouvement différentiel, par DELMOTTE. 2e éd., 1878. 1 vol. in-12. 2 fr. 50

Mémoire sur l'Appareil des voûtes hélicoïdales et des voûtes biaises à double courbure, par A.-A. SOUCHON. 1 vol. in-4° renfermant 8 planches.   3 fr. 50

Sapeurs-Pompiers communaux (Les). Commentaire du décret du 10 novembre 1903, modifié par le décret du 18 avril 1914, par Ch. BARANY, 4e éd., mise à jour au 1er juillet 1914. 1 vol. in-8°.   10 fr.

— Nouvelle édition. (*En préparation.*)

Tonnellerie à la portée de tous, par André RENARD. 1 vol. in-8° avec fig. dans le texte.   15 fr.

Traité des Echafaudages, ou Choix des meilleurs modèles de Charpentes, par J.-Ch. KRAFFT. 1 vol. in-folio relié, renfermant 51 planches gravées sur acier.   40 fr.

Trucs et procédés par un groupe de praticiens, ouvrage indispensable à tous ceux qu'intéressent l'Ameublement et Parties similaires. In-18 cart.   6 fr.

Usage de la Règle logarithmique, ou Règle-calcul. In-18.   1 fr.

BIBLIOTHÈQUE DES ARTS ET MÉTIERS

Format in-18, grand papier

1 fr. 75 le volume

Livre du Cultivateur, Guide complet de la culture des Champs, par M. MAUNY DE MORNAY. 1837. 1 vol. accompagné de 2 planches.

Livre du Vigneron et du Fabricant de Cidre, de Poiré, de Cormé, et autres Vins de Fruits, par M. MAUNY DE MORNAY. 1838. 1 vol. accompagné d'une planche.

OUVRAGES D'ASSORTIMENT

Astronomie des Demoiselles, ou Entretiens entre un frère et sa sœur, sur la mécanique céleste, par James FERGUSSON et M. QUÉTRIN. 1 vol. in-12 (1827). 3 fr. 50

Faune entomologique de Madagascar, Bourbon et Maurice. — *Lépidoptères*, par le docteur BOISDUVAL; avec des notes sur leurs métamorphoses, par M. SGANZIN. Huit livraisons, format grand in-8, papier vélin. Planches noires. 10 fr.

Icones historiques des Lépidoptères nouveaux ou peu connus, collection, avec figures coloriées, des papillons d'Europe nouvellement découverts, par M. le docteur BOISDUVAL. Ouvrage formant le complément de tous les auteurs iconographes. Cet ouvrage se compose de 42 livraisons grand in-8, comprenant chacune *deux planches coloriées* et le texte correspondant.

Les 42 livraisons réunies. Noires. 25 fr.

Nota. — Tome 2. Le texte s'arrête page 208. Toutes les fig. des planches 48 à 70 inclusivement sont décrites.

Les fig. des planches 71 à la fin ne sont pas décrites.

Monographie des Erotyliens, famille de l'ordre des Coléoptères, par M. Th. LACORDAIRE. In-8. 9 fr.

NOUVEAUX PROCÉDÉS
DE
TAXIDERMIE

Accompagnés de Photographies des principaux types de la collection de l'auteur à Makri-Keui, près Constantinople, de Physionomies de Rapaces sur nature, et suivis de quelques impressions ornithologiques, par le COMTE ALLÉON, commandeur de l'ordre du Mérite civil de Bulgarie, chevalier de l'ordre de St-Grégoire, officier du Medjidié, membre du Comité international permanent ornithologique de Vienne, médaille d'or à l'exposition de Vienne 1883. 1 vol. in-8° jésus, 32 p. de texte, 132 fig. tirées sur papier couché 25 fr.

SUITES A BUFFON

Formant avec les Œuvres de cet auteur

UN

COURS COMPLET D'HISTOIRE NATURELLE

EMBRASSANT

LES TROIS RÈGNES DE LA NATURE

Belle Édition, format in-octavo

DIVISION DE L'OUVRAGE

Cétacés (Baleines, Dauphins, etc.), ou Recueil et examen des faits dont se compose l'histoire de ces animaux, par M. F. CUVIER, membre de l'Institut, professeur au Muséum d'Histoire naturelle. 1 vol. avec 2 livraisons de planches.
Fig. noires. 20 fr.
Fig. coloriées. 35 fr.

Poissons, par M. A.-Aug. DUMÉRIL, professeur au Muséum d'Histoire naturelle, professeur agrégé libre à la Faculté de Médecine de Paris. Tomes I et II (en 3 volumes) avec 2 livraisons de planches. (*En publication*).
Fig. noires. 35 fr
Fig. coloriées. 60 fr

Entomologie (Introduction à l'), comprenant les principes généraux de l'Anatomie, de la Physiologie des Insectes ; des détails sur leurs mœurs, et un résumé des principaux systèmes de classification, etc., par M. LACORDAIRE, professeur à l'Université de Liège. (*Ouvrage adopté et recommandé par l'Université pour être placé dans les bibliothèques des Facultés et des Collèges*). 2 vol. et 2 livraisons de planches.
Fig. noires. 25 fr.
Fig. coloriées. 40 fr.

Insectes Coléoptères (Cantharides, Charançons, Hannetons, Scarabées, etc.) par M. LACORDAIRE, professeur à l'Université de Liège, et M. le Dʳ CHAPUIS, membre de l'Académie royale de Belgique. 14 vol. avec 13 livraisons de planches.
Fig. noires. 170 fr.
(*Manque de coloris*).

Insectes Lépidoptères (Papillons). *Les deux parties de cet ouvrage se vendent séparément.*

— DIURNES, par M. BOISDUVAL, tome Ier, avec 2 livraisons de planches. (*En publication*).
Fig. noires.   20 fr.

— NOCTURNES, par MM. BOISDUVAL et GUÉNÉE, tome Ier, avec 1 livraison de planches, tomes V à X, avec 5 livraisons de planches. (*En publication*).
Fig. noires.   90 fr.
Fig. coloriées.   130 fr.

— **Aptères** (Araignées, Scorpions, etc.), par MM. WALCKENAER et GERVAIS. 4 vol. avec 5 livraisons de planches.
Fig. noires.   60 fr.

Annelés marins et d'eau douce (Annélides, Géphyriens, Sangsues, Lombrics, etc.), par M. DE QUATREFAGES, membre de l'Institut, professeur au Muséum d'Histoire naturelle, et M. Léon VAILLANT, professeur au Muséum d'Histoire naturelle. Tomes I et II (en 3 vol.) avec 2 livraisons de planches.
Fig noires.   35 fr.
Tome III (en 2 vol.) avec 1 livraison de planches.
Fig. noires.   25 fr.

Zoophytes Acalèphes (Physales, Béroés, Angèles, etc.), par M. LESSON, correspondant de l'Institut, pharmacien en chef de la

Marine, à Rochefort. 1 vol. avec 1 livraison de pl.
Fig. noires.   15 fr.

— **Echinodermes** (Oursins, Palmettes, etc.), par MM. DUJARDIN, doyen de la Faculté des Sciences de Rennes, et HUPÉ, aide-naturaliste au Muséum de Paris. 1 vol. avec 1 livraison de planches.
Fig. noires.   15 fr.
Fig. coloriées.   25 fr.

— **Coralliaires** ou POLYPES PROPREMENT DITS (Coraux, Gorgones, Eponges, etc.), par MM. MILNE-EDWARDS, membre de l'Institut, professeur au Muséum d'Histoire naturelle, et J. HAIME, aide-naturaliste au Muséum d'Histoire naturelle. 3 vol. avec 3 livraisons de pl.
Fig. noires.   40 fr.

Botanique (Introduction à l'étude de la), ou Traité élémentaire de cette science, contenant l'Organographie, la Physiologie, etc., par M. DE CANDOLLE, professeur d'Histoire naturelle à Genève. (*Ouvrage autorisé par l'Université pour les Lycées et les Collèges*). 2 vol. et 1 livraison de planches noires.   25 fr.
Les planches ne sont pas coloriées.

Végétaux phanérogames (Organes sexuels apparents : Arbres, Arbrisseaux, Plantes d'agrément, etc.), par M. SPACH, aide-naturaliste au Muséum

d'Histoire naturelle. 14 vol.
avec 15 livraisons de pl.
Fig. noires. 150 fr.
Fig. coloriées. 300 fr.
Géologie (Histoire, Formation et Disposition des Matériaux qui composent l'écorce du globe terrestre),
par M. Huot, membre de plusieurs sociétés savantes 2 vol. ensemble de plus de 1,500 pages, avec 2 livraisons de pl. noires. 50 fr.

Les planches ne sont pas coloriées.

Minéralogie(Pierres, Sels, Métaux, etc.), par M. Delafosse, membre de l'Institut, professeur au Muséum d'Histoire naturelle et à la Sorbonne. 3 vol. et 4 livraisons de planches noires. 45 fr.

Les planches ne sont pas coloriées.

PETITES SUITES A BUFFON

Format in-18

Histoire des Coquilles, contenant leur description, leurs mœurs et leurs usages, par M. Bosc, membre de l'Institut. 5 vol. accompagnés de planches.
Fig. noires. 10 fr. 50

Histoire des Insectes, composée d'après Réaumur, Geoffroy, De Geer, Roesel, Linné, Fabricius, et les meilleurs ouvrages qui ont paru sur cette partie, rédigée suivant les méthodes d'Olivier, de Latreille, avec des notes, plusieurs observations nouvelles et des figures dessinées d'après nature, par F.-M.-G. de Tigny et Brongniart, pour les généralités. Édition augmentée par M. Guérin. 10 vol. ornés de planches.Fig. noires.23 fr.

Histoire des Crustacés, contenant leur description, leurs mœurs et leurs usages, par MM. Bosc et Desmarest. 2 vol. accompagnés de 18 planches.

Fig. noires. 7 fr. 50

OUVRAGES DIVERS D'HISTOIRE NATURELLE

Arachnides (Les) de France, par M. E. SIMON, membre de la Société entomologique de France.

Tome 1er, contenant les Familles des Epeiridæ, Uloboridæ, Dictynidæ, Enyoidæ et Pholcidæ. 1 vol. in-8°, accompagné de 3 planches. (*Epuisé.*)

Tome 2, contenant les Familles des Urocteidæ, Agelenidæ, Thomisidæ et Sparassidæ. 1 vol. in-8°, accompagné de 7 planches. 12 fr.

Tome 3, contenant les Familles des Attidæ, Oxyopidæ et Lycosidæ. 1 vol. in-8°, accompagné de 4 planches. 12 fr.

Tome 4, contenant la Famille des Drassidæ. 1 vol. in-8°, accompagné de 5 planches. 12 fr.

Tome 5 (1re partie), contenant la Famille des Epeiridæ (supplément) et des Theridionidæ. 1 vol. in-8°, accompagné de planches. 12 fr.

Tome 5 (2e partie), contenant la Famille des Theridionidæ (suite). 1 vol. in-8°, accompagné de planches et orné de figures. 12 fr.

Tome 5 (3e partie), contenant la Famille des Theridionidæ (fin). 1 vol. in-8°, accompagné de planches et orné de figures. 12 fr.

Tome 6 (1re partie), contenant le Synopsis général et le catalogue des espèces françaises de l'ordre des Araneæ. 1 vol. in-8°, orné de figures. 12 fr.

Tome 6 (2e et 3e parties). (*En préparation.*)

Tome 7, contenant les Familles des Chernetes, Scorpiones et Opiliones. 1 vol. in-8°, accompagné de planches. 12 fr.

Histoire naturelle des Araignées, par M. EUG. SIMON, *Deuxième édition.*

Tome premier, *1er fascicule* contenant 215 figures intercalées dans le texte. 1 vol. grand in-8° de 256 pages. 6 fr.

Tome premier, *2e fascicule* contenant 275 figures intercalées dans le texte. 1 vol. grand in-8°. 6 fr.

Tome premier, *3e fascicule* contenant 347 figures intercalées dans le texte. 1 vol. grand in-8°. 6 fr.

Tome premier, *4ᵉ et dernier fascicule* (du tome 1ᵉʳ), contenant 261 figures 1 vol. grand in-8º.   6 fr.

Tome second, *1ᵉʳ fascicule* contenant 200 figures intercalées dans le texte. 1 vol. grand in-8º.   6 fr.

Tome second, *2º fascicule* contenant 184 figures intercalées dans le texte. 1 vol. grand in-8º.   6 fr.

Tome second, *3ᵉ fascicule* contenant 407 figures. 6 fr.

Tome second, *4ᵉ et dernier fascicule* contenant 329 figures.   6 fr.

Catalogue des espèces actuellement connues de la famille des Trochilides, par EUGÈNE SIMON. Brochure in-8ᵉ.   3 fr.

Histoire naturelle des Trochilidœ (Oiseaux-Mouches), par Eugène SIMON, correspondant de l'Académie des Sciences, 1921, fort vol. gr. in-8º, 420 p.   40 fr.

BAR-SUR-SEINE, IMP. SAILLARD. — L. GOUSSARD, SUCCᵗ

9 782329 289632